CLÁSSICOS
GREGOS
E LATINOS

Rio profundo, os padrões e valores da cultura greco-latina estão subjacentes ao pensar e sentir do mundo hodierno. Modelaram a Europa, primeiro, e enformam hoje a cultura ocidental, do ponto de vista literário, artístico, científico, filosófico e mesmo político. Daí poder dizer-se que, em muitos aspectos, em especial no campo das actividades intelectuais e espirituais, a nossa cultura é, de certo modo, a continuação da dos Gregos e Romanos. Se outros factores contribuíram para a sua formação, a influência dos ideais e valores desses dois povos é preponderante e decisiva. Não conseguimos hoje estudar e compreender plenamente a cultura do mundo ocidental, ao longo dos tempos, sem o conhecimento dos textos que a Grécia e Roma nos legaram. É esse o objectivo desta colecção: dar ao público de língua portuguesa, em traduções cuidadas e no máximo fiéis, as obras dos autores gregos e latinos que, sobrepondo-se aos condicionalismos do tempo e, quantas vezes, aos acasos da transmissão, chegaram até nós.

CLÁSSICOS
GREGOS E LATINOS

Colecção elaborada sob supervisão
do Instituto de Estudos Clássicos da Faculdade de Letras
da Universidade de Coimbra
com a colaboração
da Associação Portuguesa de Estudos Clássicos

TÍTULOS PUBLICADOS:

1. AS AVES, de Aristófanes
2. LAQUES, de Platão
3. AS CATILINÁRIAS, de Cícero
4. ORESTEIA, de Ésquilo
5. REI ÉDIPO, de Sófocles
6. O BANQUETE, de Platão
7. PROMETEU AGRILHOADO, de Ésquilo
8. GÓRGIAS, de Platão
9. AS BACANTES, de Eurípides
10. ANFITRIÃO, de Plauto
11. HISTÓRIAS - Livro I, de Heródoto
12. O EUNUCO, de Terêncio
13. AS TROIANAS, de Eurípides
14. AS RÃS, de Aristófanes
15. HISTÓRIAS - Livro III, de Heródoto
16. APOLOGIA DE SÓCRATES • CRÍTON, de Platão
17. FEDRO, de Platão
18. PERSAS, de Ésquilo
19. FORMIÃO, de Terêncio
20. EPÍDICO, de Plauto
21. HÍPIAS MENOR, de Platão
22. A COMÉDIA DA MARMITA, de Plauto
23. EPIGRAMAS - Vol. I, de Marcial
24. HÍPIAS MAIOR, de Platão
25. HISTÓRIAS - Livro VI, de Heródoto
26. EPIGRAMAS - Vol. II, de Marcial
27. OS HERACLIDAS, de Eurípides
28. HISTÓRIAS - Livro IV, de Heródoto
29. EPIGRAMAS - Vol. III, de Marcial
30. AS MULHERES QUE CELEBRAM AS TESMOFÓRIAS, de Aristófanes
31. HISTÓRIAS - Livro VIII, de Heródoto
32. FEDRA, de Séneca
33. A COMÉDIA DOS BURROS, de Plauto
34. OS CAVALEIROS, de Aristófanes

OS
CAVALEIROS

© desta edição: Maria de Fátima Silva e Edições 70, 2004

Capa de Edições 70
Athena Lemnia, de Fídias
Desenho de Louro Fonseca a partir de uma cópia romana

Depósito Legal n.º 206438/04

ISBN: 972-44-1182-6

EDIÇÕES 70, Lda.
Rua Luciano Cordeiro, 123 - 2.º Esq.º – 1069-157 LISBOA / Portugal
Telef.: 213 190 240
Fax: 213 190 249
E-mail: edi.70@mail.telepac.pt

www.edicoes70.pt

Esta obra está protegida pela lei. Não pode ser reproduzida
no todo ou em parte, qualquer que seja o modo utilizado,
incluindo fotocópia e xerocópia, sem prévia autorização do Editor.
Qualquer transgressão à Lei dos Direitos do Autor será passível de
procedimento judicial.

ARISTÓFANES

OS CAVALEIROS

Introdução, versão do grego e notas
de
Maria de Fátima Silva

Professora da Faculdade de Letras da Universidade de Coimbra

INTRODUÇÃO

MOMENTO DRAMÁTICO E HISTÓRICO

Os Cavaleiros foram apresentados nas Leneias de 424 por um Aristófanes ainda jovem, que pela primeira vez corria o risco de se habilitar a concurso em seu próprio nome ([1]). A peça foi aceite com entusiasmo e galardoada com o primeiro lugar, seguida de *Sátiros* de *Cratino* e de *Lenhadores* de Aristómenes.

A comédia surgiu no prolongamento de uma divergência entre o dramaturgo e o político mais popular da época, Cléon, em quem Aristófanes encarna o símbolo da classe indesejável dos demagogos ([2]). Sem refrear a animosidade, mau grado a perseguição que lhe fora movida pelo alvejado, o poeta lança-se num ataque violento no próprio momento em que Cléon gozava de uma brilhante popularidade, alcançada através do êxito de Pilos ([3]).

Tudo estava ainda muito fresco na memória do público que aplaudiu o vencedor das Leneias de 424. No ano anterior, o general Demóstenes, no comando de uma armada, havia tomado de assalto o porto de Pilos, situado na Messénia e vizinho de Esparta. Além da importância desta posição bélica para futuras investidas em território inimigo, a vitória quebrava a tradicional supremacia espartana em campanhas terrestres e tinha, por isso, um grande efeito psicológico.

Alertados para o perigo que constituía a presença dos Atenienses em Pilos, os Lacedemónios reorganizaram-se e ocuparam Esfactéria, uma ilha fronteiriça a Pilos. As posições assumidas pelas forças em litígio proporcionaram arremetidas de parte a parte, até que o exército ateniense conseguiu cercar as

---

([1]) Cf. vv. 512 sq. e nota 105.
([2]) Cf. *infra* nota 104.
([3]) Cf. *The Cambridge Ancient History*, V (Cambridge reimpr. 1969) 230-235.

tropas espartanas, destacadas na ilha. Por via diplomática, tentaram os Lacedemónios pôr fim ao conflito, mas o povo ateniense, instigado por Cléon, respondeu com condições demasiado pesadas, o que gorou qualquer possibilidade de armistício. A tensão em Pilos e Esfactéria mantinha-se, longa e ameaçadora, sem um avanço concludente, criando em Atenas dúvidas quanto à real supremacia do seu exército e um certo mal-estar com respeito à intervenção de Cléon. Pressionado pelas circunstâncias, o demagogo denuncia na assembleia a incapacidade dos generais em comando, sobretudo Nícias, seu inimigo pessoal e político, e propõe-se solucionar o caso no prazo limite de vinte dias, se lhe for confiado o comando do exército. Nícias aceita o desafio e pede a demissão; na impossibilidade de recuar, Cléon não hesita.

Em Pilos, junta-se a Demóstenes, que entretanto havia planeado uma estratégia de ataque à ilha (cf. Th. 4. 27-30), que imediatamente é posta em execução. O bom sucesso desta empresa traz a Atenas, como prisioneira, a guarnição espartana de Esfactéria e um Cléon vitorioso, embora graças a um plano estratégico da inteira responsabilidade de Demóstenes – um pormenor que a comédia se não cansa nunca de encarecer. Atenas ficou de posse de um trunfo importante para negociações futuras com o inimigo, o punhado de reféns de Esfactéria: membros, em parte, das melhores famílias espartanas, estes prisioneiros tornaram-se um argumento poderoso contra possíveis invasões da Ática. Cléon reforçou o seu poderio político e cativou o apoio incondicional das massas populares. A cidade recebeu-o com foros de herói nacional e concedeu-lhe as honras da proedria e do Pritaneu. Tão grande entusiasmo em roda do demagogo não deixou de provocar, no entanto, alguma animosidade, nomeadamente por parte da cavalaria, de profundas tradições aristocráticas, que havia, logo após o desfecho de Pilos, obtido, sob o comando de Nícias, uma vitória notável contra Corinto. Animada por estes sucessos, Atenas iniciava deste modo uma campanha de operações ofensivas; e o êxito conseguido pela cavalaria podia pelo menos ombrear com o de Cléon, mesmo admitindo que a vitória de Pilos cabia de direito ao 'negociante de curtumes', posição a que a comédia levanta sérias reservas. É na aliança com os cavaleiros que Aristófanes se escuda para, mais uma vez, dirigir contra Cléon a agressividade do seu ataque.

CONTEÚDO DA PEÇA

Os Cavaleiros desenvolvem-se numa estrutura alegórica, que desencadeia contra Cléon, o herói do recente caso de Pilos, no papel de um escravo paflagónio, uma investida desassombrada. A desonestidade e ambição deste servo tiram vantagens da ingenuidade do patrão, o povo ateniense, cuja confiança incondicional tão bem soube cativar. Nem todos, porém, acolhem com aplauso esta intimidade; os outros servos, em particular dois dos mais leais, Demóstenes e Nícias, vêem-se espoliados, preteridos, sovados pelas intrigas bem montadas do rival. A salvação aparece na figura de um Salsicheiro, só ele, pela origem humilde, pouca instrução, mas muita astúcia e loquacidade, capaz de competir, 'em qualidades', com o Paflagónio dos curtumes.

A peça apresenta-se, no que respeita à temática, como uma das produções mais agressivas de Aristófanes, potente no seu ataque contra Cléon e a demagogia contemporânea. Uma análise um pouco mais profunda pode salientar como uma certa economia estrutural concorre para incrementar a força intrínseca da peça.

A comédia abre com uma cena protática de um modelo puramente tradicional, que Aristófanes, em *Paz* 724-747, repudia como desgastada, sem por isso deixar de lhe reconhecer um efeito dramático seguro ([4]). Depois de explorar mais uma vez as potencialidades cómicas do tipo do escravo – os lamentos provocados pela punição, e o espírito inventivo que lhe sugere constantes processos de fuga –, Aristófanes toca ainda ao de leve um outro lugar-comum, Eurípides e as suas subtilezas retóricas, que patrocinam a trama que os dois escravos se propõem montar. A peça inicia-se, portanto, dentro de parâmetros tradicionais e populares.

O diálogo de abertura desfecha num prólogo retardado, que irá pôr o espectador ao corrente das condicionais da acção, identificação da casa do Povo, presença do Paflagónio e das perturbações por ele desencadeadas, a que urge pôr fim. A ideia da fuga, como a única salvação, retoma a linha temática da cena de abertura, estabelecendo entre ela e o monólogo expositivo uma conexão perfeita. Doridos das pancadas com que tantas vezes são

---

([4]) Cf. *infra* nota 1.

brindados, por interferência malsã do Paflagónio, Demóstenes e Nícias procuram descobrir, nos oráculos divinos, o modo de derrotar o poderoso inimigo. A salvação, responde o oráculo, há-de vir na pele de um Salsicheiro, digno competidor de Cléon. E, por milagre dos deuses, surge um Salsicheiro, munido com os apetrechos do seu negócio, a caminho do mercado. Convencê-lo da predestinação de um fado invulgar é obra de um minuto. Mas aliados para uma luta tão arriscada, onde encontrá-los? Lá estão os Cavaleiros, jovens da melhor estirpe, que aderem ao Salsicheiro numa causa comum – derrotar Cléon, o flagelo da casa.

Com a entrada dos Cavaleiros, estão definidas as condições que fazem desta peça um permanente confronto entre duas facções igualmente poderosas. Está iminente o primeiro recontro: o Paflagónio entra, furibundo, ameaçador, para deparar com um inimigo feroz, o coro, que vitoriosamente lhe aplica o primeiro correctivo. O movimento cénico recrudesce e transforma a entrada dos Cavaleiros e do político num momento climático da acção. Outra prova, a dos insultos, ameaças e denúncias, o esperava ainda; e aí – surpresa das surpresas! – a sua mestria é, pela primeira vez, suplantada.

A partir desta cena, o *agôn* concentra toda a força da caricatura e da invectiva. O esboço de um demagogo, que é o motivo central da peça, vai sendo progressivamente estabelecido através de sucessivos recontros entre o Paflagónio e o Salsicheiro, que preenchem a quase totalidade da comédia. Este esquema simples e um pouco repetitivo tem a vantagem de tornear, face por face, o poliedro que é a personalidade de um político, fazendo incidir sobre ele um foco potente, que cativa sem desvios a atenção do anfiteatro. O *agôn* desenvolve-se em planos sucessivos, cujo objectivo é definir qual dos dois contendores detém um maior dote de 'virtudes' demagógicas. A um *proagôn* que confronta os rivais num plano privado, suceder-se-á uma exibição face ao Conselho, para ser o Povo a decidir, em última instância, na Pnix, a qual dos dois confiará a gestão da sua casa.

Depois de uma primeira troca de ameaças, insultos e denúncias, servida ao público como deliciosa diversão, o Paflagónio, espancado e vencido, vai procurar o apoio do Conselho, com o Salsicheiro na peugada. Vazia, por momentos, a cena, esta é

12

preenchida com a parábase. O poeta justifica a demora em correr o risco de apresentar ao público as suas produções sem intermediários, o que agora acontece pela primeira vez. Mas a arte cómica é difícil e o anfiteatro volúvel. Exemplos da contingência de uma carreira dramática são os seus mais brilhantes antecessores, Magnes, Cratino e Crates, outrora aplaudidos sem reservas, mais tarde vaiados e entregues ao abandono, quando, sob o peso dos anos, a sua lira perdeu o dom de fascinar e divertir. Uma saudação a Posídon e uma evocação das vitórias passadas rematam a intervenção dos Cavaleiros.

O Salsicheiro regressa do Conselho, qual mensageiro trágico, portador de notícias gloriosas, para relatar numa longa *rhesis* o êxito que alcançou sobre o adversário: umas sardinhas baratas e uns pezinhos de coentro para as temperar, tanto bastou para cativar o Conselho para a sua causa. O Paflagónio, que lhe vem no encalço, não está ainda derrotado e apela para o Povo como juiz supremo nesta contenda. A cena converte-se na Pnix e tem início o recontro final. De novo frente a frente, os dois competem em bajulice, protestos de amor e lealdade, denúncia de ocultas intenções, presentes, que permitam ao Povo testar a sua dedicação. Em desespero de causa, ambos procuram, nas predições dos oráculos, uma credencial que os habilite junto do árbitro dos seus méritos. Será o último argumento, o dos presentes, a demover o Povo: de um cesto repleto, ambos vão tirando, à compita, os mais saborosos pitéus, com que desafiam o estômago sensível do Povo. Generosamente esvaziada, a cesta do Salsicheiro dá ao seu detentor a vitória e o título de Maior Amigo do Povo. Para satisfazer uma derradeira hesitação do Paflagónio, o poeta parodia uma das habituais cenas trágicas de reconhecimento, em que, ao investigar os dados biográficos do rival, Cléon confirma nele o predestinado que os deuses enviaram para lhe suceder na chefia do povo ateniense. Com o desfecho do *agôn* conclui-se a curva dramática da peça, que deixa no espectador a sugestão de que o novo vencedor mais não é do que o expoente de uma dinastia de oportunistas, que vem cavando a ruína do povo. O final reserva-nos, porém, uma surpresa: no último momento, o Salsicheiro revela-se como o salvador da cidade e restaurador das glórias do passado. Ou seja, o tom realista que percorre toda a peça desfecha num momento de deliciosa utopia. A comédia termina em solenidade e festa: o Povo, que o

Salsicheiro por magia remoçara, aparece revestido da riqueza e pompa de antigamente, arrependido dos seus erros e precavido contra futuras tentações. A este Povo, remoçado e pujante, é apresentada uma última e preciosa oferta: a jovem 'Trégua por trinta anos', com que se apressa a partir para o campo, em busca da felicidade que só a paz proporciona. Punido é naturalmente o Paflagónio, que sozinho, cabisbaixo, se dirige para as portas da cidade, para, em substituição do novo vencedor, ... vender chouriços.

É nestas cenas finais que o poeta encerra o sentido profundo da comédia: a condenação dos métodos demagógicos em vigor nestes anos de guerra, que Cléon e o Salsicheiro caricaturam, e o regresso à Atenas de Péricles, jovem e robusta, próspera e feliz, que goza, na simplicidade da vida campestre, os encantos de uma paz duradoira.

A FORÇA POÉTICA DE *CAVALEIROS*

A condensação da acção dramática em torno do *agôn*, que constitui em parte o segredo da extrema potência da sátira política de *Cavaleiros*, encontra um apoio eficaz na imagética utilizada com abundância e, como veremos, também ela concentrada em campos semânticos definidos. O recurso à metáfora tem, na peça, um efeito poderoso para traduzir, em termos variados e sugestivos, as relações entre o Povo e os seus servidores. Para além de um número de imagens menores, a comédia deita mão, de um modo particularmente insistente, à metáfora culinária, que, na diversidade de petiscos, de apetrechos e de artes de confecção, se converte na réplica caricatural da actividade política.

Desde o prólogo que o relacionamento entre o Paflagónio e o Povo é dimensionado em termos de sustento. Manter o povo satisfeito é empanturrá-lo, enfartá-lo e servir-lhe por cima uma ceia suplementar (vv. 51 sq.). O próprio caso de Pilos, que recentemente estreitou as relações entre ambos, mais não é do que um pão bem amassado, pelas mãos hábeis de Demóstenes, que o Paflagónio roubou para o servir ao patrão (vv. 54-57). O jantar do Povo, que o demagogo consegue pelo expediente (vv. 52 sq.), converte-se num ritual sagrado, que tem de ser protegido das moscas incómodas (v. 60), pois nele o político confia como um momento de total intimidade com o seu amo. Deste modo, o prólogo dá o tom a uma relação política / comida, que irá manter-se constante ao longo de toda a peça.

Depois da definição, nestes termos, do relacionamento entre o Povo e Cléon, a aparição de um Salsicheiro como o mais refinado dos demagogos, sucessor do Paflagónio, ganha foros de uma verdadeira predestinação. A partir de então, a imagem culinária surge numa dupla acepção: ou ainda como metáfora da vida pública, ou como um bordão natural da linguagem do Salsicheiro, de qualquer modo com uma coerência dramática perfeita.

A terminologia culinária na boca do Salsicheiro é, por vezes, desprovida de qualquer outro efeito que não seja o de traduzir uma deformação profissional da personagem cómica (vv. 279, 343, 364, 769-772, 920-922, 929-940); tem, neste caso, uma função puramente lúdica, que não merece menção especial.

Relevante é, pelo contrário, o uso metafórico que o poeta faz dela a cada passo. A vida pública é avaliada nas suas naturais dificuldades e exigências em relação aos que se lhe entregam. Uma origem humilde e difícil é o primeiro cadinho em que se tempera a personalidade de um político. Foi com migalhas de pão que se criou o Salsicheiro, latagão possante, capaz de arrostar com qualquer adversário (vv. 414 sq.). A superação das dificuldades estimula a mente do jovem, que aprende a manobrar o expediente com toda a mestria. Para abonar as suas capacidades, o Salsicheiro conta dois episódios com que surpreendeu, apesar dos verdes anos, os que os presenciaram e em que se revelou um talento para a vida pública: o roubo de um naco de carne, depois de habilmente desviar a atenção dos outros cozinheiros (vv. 417 sqq.), e de uma panela fumegante de dentro de uma loja, aproveitando um momento de distracção do proprietário. A estes traços adquiridos na ágora junta o potencial demagogo hábitos de devassidão, que são seu atributo indispensável (vv. 375 sqq., 428). Apesar de reunidas as condições naturais, os primeiros passos na vida pública não são planos: 'ainda se aparece um caso em cru, já partido às postas ...' (vv. 344 sq.); mas as coisas são bem mais custosas do que parecem num primeiro relance. A prática traz, no entanto, o à-vontade. E então, mesmo depois de uma boa comezaina, o orador é combativo (vv. 353-358), capaz de fazer frente, com sucesso, a qualquer rival; a comida é aqui mencionada como um elemento inibidor das faculdades intelectuais.

No fundo, o que é a governação? Nada mais do que a preparação de um bom petisco: amassar os negócios públicos, fazê-los numa pasta e servi-los ao povo, com umas palavrinhas delicodoces de acompanhamento (vv. 214 sqq.). A definição contém de facto a essência da carreira pública: saber misturar e confundir as questões é o toque magistral do talento político, de que Cléon, o almofariz e a colher de pau dos Atenienses, se mostrou particularmente dotado. Criada a confusão, desencadeia-se o ambiente propício a todas as manobras: a caça aos inimigos políticos, perseguidos por confiscações (v. 103), a perseguição dos magistrados, apertados, na prestação de contas, como figos (vv. 259 sq.), a denúncia constante de conspirações (o queijinho que se anda a fomentar com o inimigo, v. 479). Saudoso dos dias prósperos em que se sentava à mesa com Aristides e Milcíades (v. 1325), ou em que Temístocles lhe servia, por cima de uma boa pescaria, o Pireu de sobremesa (vv. 813 sqq.), o Povo procura, no meio da corrupção, uma voz que lhe cante ao ouvido doces palavras e fica à mercê de quem lhe anuncia sardinhas baratas, bem temperadas com uns pezinhos de coentro (vv. 644 sqq.). Com o estômago confortado, ganha alma nova para prosseguir o longo combate contra o inimigo lacedemónio (vv. 671-673). A quem o sabe alimentar (vv. 715, 905), o Povo entrega-se com confiança; e à sua volta os servos competem em melhor servi-lo: 'Eu dou-te a cevada!', 'Eu a farinha!', 'Eu as tortas bem amassadas!' (vv. 1101-1106). E, no meio de tantas benesses, o demagogo, como um cão, abocanha o que pode, quando o senhor está distraído. O Paflagónio é assimilado ao próprio Cérbero, o cão infernal, o exemplar máximo da arte de devorar, com as suas três bocas ameaçadoras. Como uma Ama, o demagogo alimenta o povo às colherinhas, enquanto ele próprio engole três vezes mais (vv. 716-718). A demagogia produz então o efeito de uma verdadeira intoxicação: como o sílfio barato, mais não é do que um agente atordoador do bom senso e inibidor do juízo lúcido (vv. 894 sqq.).

Indeciso por entre a falsidade dos seus adoradores, o Povo recorre ao teste supremo da cesta dos petiscos, outorgando total confiança àquele que esvaziou a sua em proveito do senhor (vv. 1210 sqq.); nas suas mãos deposita o sinete, um rissol bem recheado (Δημοῦ βοείου, v. 953), para que decida do destino de Atenas.

Mas Aristófanes perspectiva a vida política do quadrante oposto. Apesar da ingenuidade de que dá mostras, o Povo sabe morder, traiçoeiramente, com o voto. Concede uma boa empanturradela no Pritaneu (vv. 282 sq., 766, 1404), finge não ver a corrupção que o cerca; vai, ele também, alimentando os políticos, e quando os apanha bem gordinhos, engole-os de um trago (vv. 1125-1140).

Para a situação caótica que o rodeia, propõe o poeta uma solução radical: uma fervura do Povo (v. 1321), que o restitua à lucidez e vigor antigos, e o devolva à vida campestre e à doce intimidade de uma boa ceia, no canto acolhedor da lareira (vv. 805 sqq.). A peça termina, segundo um modelo comum, com a partida dos vencedores para um repasto festivo; o derrotado sai para as portas da cidade, onde irá vender os seus chouriços, confeccionados com carne de cão e de burro.

Seguindo a sugestão curiosa de C. H. Whitman ([5]), poder-se-ia simbolizar o tema da peça sob a rubrica 'a arte de empanturrar', encarecendo o modo por que os dois demagogos disputam a supremacia no governo e o tom imagético de que o poeta se socorre para colorir comicamente as sucessivas situações.

Cléon e a sua actuação política inspiram ainda outras metáforas, num plano subsidiário, que sugerem essencialmente a confusão e o ensurdecimento que o demagogo produz na cidade. O recurso à nau de estado, sacudida por ventos poderosos, é uma metáfora tradicional que Aristófanes volta a explorar: o Paflagónio investe contra o inimigo como um furacão capaz de tudo revolucionar (vv. 430-434), e de assolar com violência o barco desprevenido (vv. 440 sqq.). Da mesma maneira, quando regressa vencido do Conselho, o Paflagónio avança como uma vaga de borrasca (vv. 691 sqq.), que põe em perigo a navegação. No combate que se segue, o coro aconselha o Salsicheiro a tomar precauções, a soltar as velas (v. 756) e a recolher-se à margem, para travar o combate (761 sqq.). Um novo furacão sopra, com rajadas temíveis, Συκοφαντίας 'a Delação' (v. 437). À sua volta reina, propício, o tumulto, que ele fomenta como seu ambiente natural: 'como o pescador de enguias, se as águas estão calmas, não pesca nada; mas se as revolve de cima para baixo, a pescaria é grossa' (vv. 864-867; cf. vv. 309 sqq.). Também tirada da pesca

---

([5]) *Aristophanes and the comic hero* (Cambridge, Massachusetts 1964) 96.

é a metáfora que faz de Cléon o vigia atento dos pagadores de tributos, que espia como quem espreita o sinal da proximidade de atuns (v. 313). Tonitruante como um autêntico Ciclóboro (v. 137), voraz como perfeita Caríbdis (v. 248), Cléon atingiu proporções colossais, que fazem dele o monstro aterrador e imbatível (vv. 75-79).

A terminologia dos curtumes surge naturalmente na boca do Paflagónio curtidor, como a terminologia culinária na do Salsicheiro, e não tem por isso uma simbologia especial (cf. vv. 314, 369 sqq.). Outras indústrias dão pasto a imagens sugestivas: as conspirações são vistas como trabalhos bem colados e ajustados, primorosa obra de carpintaria (v. 463); ou, na terminologia dos ferreiros, como um bater sincronizado de bigornas (v. 471).

Oportunas são também as metáforas da luta, numa peça que valoriza de um modo particular o esquema agonístico (vv. 388 sqq., 490-497). É ainda como um lutador que Cléon se lança sobre os aliados, para os prostrar no solo, derrotados à força de tributos (vv. 262 sq.).

O poder imagético da linguagem e a leitura interlinear que as palavras suscitam, culmina no simbolismo e interpretação dos numerosos oráculos que a peça caricatura. O v. 196 define o puro estilo oracular como o que se exprime 'em termos rebuscados, com palavras enigmáticas', e de imediato nos é fornecido um exemplo: o simbolismo assenta, neste oráculo, numa metáfora animal, de raízes populares, dimensionada numa contenda entre a águia … dos coiros, e a serpente … chupadora de sangue, epítetos que concretizam a tradicional confrontação nas pessoas do Paflagónio e do Salsicheiro (vv. 197-201). O texto não é, ainda aqui, isento do dado culinário, na equivalência da serpente ao chouriço, que identifica um dos rivais. Assim se delineia, no laconismo das escassas linhas do oráculo, todo o conteúdo do *agôn* político de *Cavaleiros*.

Mas a leitura e interpretação dos oráculos produz um maior efeito nas cenas finais, em que os dois contendores rivalizam na presença do povo, procurando nas predições divinas uma influência benéfica para a sua causa. A simbologia dominante continua a ser buscada na linguagem animal e culinária. O Paflagónio apresenta-se como o cão fiel, que Apolo aconselha a preservar das gralhas que o perseguem, porque, com os dentes afiados e latido atroador, protege o dono (vv. 1015-1020). O

Salsicheiro, porém, dá do oráculo uma segunda leitura, condenatória das pretensões do rival: o cão não é o fiel guardião da casa, mas antes o Cérbero voraz que, num momento de distracção, tudo devora e rapina da cozinha do senhor (vv. 1030-1034).

O Paflagónio apresenta novo oráculo em sua defesa: próximo está o nascimento de um leão, feroz inimigo dos mosquitos importunos, que o Povo deve abrigar num muro de madeira e ferro. Um muro, que muro? A canga, isso sim – contrapõe o Salsicheiro –, é na canga que o Paflagónio tem de guardar-se (vv. 1037-1049).

A partir deste momento os oráculos sucedem-se em catadupa, numa incongruência crescente. A política da exploração dos aliados com a cobrança de tributos é condenada no oráculo do cão-raposa, de dentes pérfidos e pés ligeiros (vv. 1067-1077); a sua rapacidade como a mão fechada, que apanha e não larga (vv. 1080-1085). Finalmente, acumulam-se as promessas de um futuro risonho para os Atenienses: a hegemonia no Oriente, onde o Povo administrará a justiça, deliciado com um salgadinho (vv. 1088 sq.); as benesses derramadas por uma Atena que, acompanhada da coruja, cobre a cidade de riqueza e saúde; doçuras de ambrósia para o Povo, corrige o Salsicheiro, mas sobre a raça dos Paflagónios o amargor da salmoura (vv. 1090-1095).

Assim se consuma uma disputa em que os dois rivais competem na arte, em que todo o político tem de ser exímio: a dialéctica subtil e o poder ambíguo da palavra.

Com toda esta riqueza imagética, o autor como que compensa uma certa sobriedade estrutural que é característica desta comédia. Whitman ([6]) acentua que a paródia gratuita e ornamental, tão do gosto da comédia contemporânea, está ausente no Aristófanes de 424: '*Os Cavaleiros*, por contraste, voltam-se, com particular acuidade, para o seu tema, de modo que a fantasia aqui existente, em vez de alargar ou medir o mundo pela perspectiva da capacidade de resposta do poeta, é antes uma fantasia sobre *qualquer coisa*, menos um meio de antecipação do que um simples ornamento'. Assim se consuma uma produção de evidente elegância dramática, que resulta de uma concertação ínti-

---

([6]) *Op. cit.,* 100.

ma entre a arquitectura temática da peça e a execução poética dessa mesma estrutura. Nesta sua primeira vitória, Aristófanes definiu-se, apesar da verdura dos anos, como um artista hábil e consciente das componentes essenciais da arte cómica: estrutura dramática, efeito cómico e linguagem poética.

O RETRATO DO POLÍTICO CONTEMPORÂNEO

Se pretendermos definir um objectivo nesta comédia, não poderemos deixar de registar a forma oportuna por que o poeta exerce a função didáctica, sempre apontada como o predicado principal do artista. Denunciar a corrupção que se instaurou na política ateniense, os seus segredos e o seu êxito, eis o que preocupava, acima de tudo, o Aristófanes premiado nas Leneias de 424. A ocasião era por demais propícia, agora que Cléon, o homem do momento, gozava os frutos do sucesso de Pilos e como que refinava os seus conhecidos golpes demagógicos. À caricatura que fizera de *Babilónios* uma peça assaz polémica, o dramaturgo pode acrescentar agora dados novos e completar o seu retrato do político bem sucedido da Atenas da segunda metade do séc. V. E Aristófanes fá-lo com uma incisividade e um calor nunca ultrapassados nas peças que conservamos. Assim põe em prática um padrão – adivinhamo-lo – que devia seguir de perto a escola de Cratino, o poeta que havia consagrado a invectiva pessoal, fogosa e arrasadora, como um ingrediente estrutural do género cómico (cf. vv. 526-530). O público aplaudiu e premiou esta caricatura do demagogo, sem deixar por isso de eleger Cléon, pouco tempo depois, como estratego do ano: o brilho do poeta não logrou ofuscar o brilho do orador.

A visão global do demagogo contempla as facetas de homem privado e político, em competição com outros políticos. E não é tanto o retrato real de Cléon que o poeta pretende traçar, como criar nele o padrão do dirigente popular contemporâneo. Por seu lado, a personagem do Salsicheiro dá ao retrato um contributo decisivo. Ele é o digno herdeiro de uma dinastia marcada por uma degenerescência progressiva, o homem capaz de manter inalterado o lema ateniense: 'cada demagogo será pior do que o anterior'. O enquadramento realista que o poeta agora procura exclui a busca utópica de uma fuga (cf. *Acarnenses* e *Aves*) ou de um regresso ao passado (cf. *Rãs*; Êupolis, *Demos*). Se o rejuvenescimento e o retrocesso ao fulgor do tempo das guerras pérsicas ocorrem no último momento, situam-se um pouco fora da coerência dramática, sem por isso interferirem na dramatização da situação actual concreta da cidade.

Durante os anos em que a guerra do Peloponeso assolou a Hélade, um novo tipo de político surgiu em Atenas. É das classes mais humildes, ocupadas no comércio e indústria, e portanto razoavelmente abastadas, que saem as figuras públicas que sucedem a Péricles. Êucrates, Lísicles, Cléon e Hipérbolo são os representantes que o povo escolheu, dentro de si próprio, para orientar o seu voto. Naturalmente a comédia foi sensível a esta inversão da ordem social e procurou criar a caricatura que melhor cobrisse a nova realidade: surge então a personagem do estrangeiro, desconhecido e de aquisição recente, de modos violentos e vulgares; da sua ficha constam uma família de velhacos, uma infância vivida no expediente e uma completa ausência de instrução. Estas as bases do perfeito político. Familiarizado com os negócios, este tipo social está calejado na arte de enganar o próximo, conhecimento precioso para a vida pública. E a comédia acrescentou que o vício e a imoralidade são a própria condição *sine qua non* para completar este modelo.

Lançados na chefia das massas populares, os demagogos desta estirpe mais não fazem do que pôr em acção os seus predicados. Apresentam-se sob uma capa de servilismo e de humildade, gravitam em torno do Povo, sempre atentos aos seus menores desejos. Fazem da oratória a sua arma principal; com ela atordoam as massas e ensurdecem o bom-senso colectivo. E se a ocasião se propicia, não perdem o ensejo de exibir a sua generosidade, propondo uma baixa de preços ou uma distribuição gratuita de comida. E o povo, com o estômago aconchegado, condescende. Se as bolsas estão vazias, nestes anos duros da guerra, o demagogo empenha-se em recheá-las, com propostas sempre aplaudidas de aumento de salários, contra uma saborosa redução do período de trabalho.

Para dar execução a todas estas generosidades, o político promove perseguições constantes contra o cidadão abastado, de quem se compraz em extorquir os fundos necessários ao aprovisionamento do erário público. Enquanto protesta estar a defender os interesses do povo, lança-se na perseguição desenfreada dos inimigos políticos, dos magistrados na prestação de contas, com eternas recriminações de conspiração e deslealdade para com Atenas. Mas as suas vítimas predilectas são os aliados, a quem arranca chorudos tributos, sem que o perseguido, estranho às maquinações políticas da cidade, disponha de qualquer possibilidade de defesa. E se o erário público tem uma fonte de receita importante nas confiscações e nos tributos, o demagogo não é o menos beneficiado: na cesta, de onde tira a fatia suculenta com que adoça a boca do povo, oculta para si o resto do bolo. A paz não comporta este tipo de manobras, que encontram o seu ambiente natural no bulício da guerra. 'Como o pescador de enguias ...', é nas águas revoltas que colhe uma pescaria farta. Os espíritos, conturbados pela fome e pelas carências do quotidiano, entregam-se na mão dos oportunistas, cedem à ambiguidade dos oráculos, aplaudem como heróis nacionais os seus algozes. Com toda a segurança o demagogo manobra, como bonecos articulados, o Conselho e a Assembleia.

Mas a demagogia é um mundo complexo, onde a rivalidade campeia. O destino do povo é jogado de mão em mão, numa competição constante entre os que aspiram a dominá-lo. É sobretudo nesta perspectiva que Aristófanes se integra neste ano de 424, inspirado pelo episódio recente de Pilos. O nosso Paflagónio guarda ciosamente a sua posição junto do povo. Correia na mão, espanta os adversários como se fossem moscas. Na intimidade do patrão calunia e persegue os seus iguais, a cada passo espancados por sua intervenção. E se algum prepara, com requintes de habilidade, uma fogaça bem amassada para o senhor, como Demóstenes havia 'cozinhado' o sucesso de Pilos, o Paflagónio, de corrida, rouba-lhe o pitéu e presenteia com ele o patrão.

E o povo? O povo, cego, sofrido, vai cedendo. Afastado das suas propriedades rurais, quase esquecido de um bom petisco ou de um serão entre amigos ao calor reconfortante da lareira, corre atrás de promessas. 'Como qualquer rapaz que tem um apaixonado, aos que são honestos e bem intencionados não os aceita; e é aos mercadores de tochas, aos bate-solas, aos sapateiros e à gente dos curtumes que se entrega'.

BIBLIOGRAFIA

Edições e traduções:

R. CANTARELLA, *Aristofane. Le Commedie*, I (Milano 1953).

V. COULON e H. VAN DAELE, *Aristophane*, I (Paris reimpr. 1967).

J. VAN LEEWEN, *Equites* (Leiden reimpr. 1968).

R. A. NEIL, *The Knights of Aristophanes* (Hildesheim reimpr. 1966).

A. H. SOMMERSTEIN, *Knights* (Warminster 1981). Esta foi a edição que serviu de base à tradução.

P. THIERCY, *Aristophane. Théâtre complet* (Paris 1997).

Estudos:

P. ARNOTT, *Greek scenic conventions in the fifth century B. C.* (Oxford 1962).

R. W. BROCK, 'The double plot in Aristophanes' *Knights*', GRBS 27 (1986) 15-27.

The Cambridge Ancient History, V (Cambridge [7]1969).

G. CLERICI, 'La commedia attica antica nella critica di Aristofane', *Dioniso* 21 (1958) 95-108.

C. W. DEARDEN, *The stage of Aristophanes* (London 1976).

T. A. DOREY, 'Aristophanes and Cleon', *G&R,* 2nd ser. 3 (1956) 132-139.

K. J. DOVER, *The Aristophanic comedy* (Berkeley and Los Angeles 1972).

K. J. DOVER, 'Portrait-masks in Aristophanes', in *Komoidotragemata* (Amsterdam 1967) 16-28.

L. EDMUNDS, 'The aristophanic Cleon's "disturbance" of Athens', *AJPh* 108 (1987) 233-263.

V. EHRENBERG, *The people of Aristophanes* (Oxford [2]1951).

G. GLOTZ, *La cité grecque* (Paris 1968).

R. GRAVES, *The Greek myths*, I-II (London reimpr. 1977).

S. HALLIWELL, 'Aristophanes' apprenticeship', *CQ* 74 (1980) 33-45.

E. W. HANDLEY, 'Aristophanes' rivals', *PCA* 79 (1982) 23-25.

D. M. MACDOWELL, *The law in classical Athens* (London 1978).

D. M. MACDOWELL, *Aristophanes and Athens* (Oxford 1995).

G. MASTROMARCO, 'Il commediografo e il demagogo', in *Tragedy, comedy and the polis* (Bari 1993) 341-357.

K. MCLEISH, *The theatre of Aristophanes* (Essex 1980).

G. MURRAY, *Aristophanes. A study* (Oxford reimpr. 1968).

F. OLIVEIRA, 'Invectiva política em *Os Cavaleiros* de Aristófanes', *Biblos* 67 (1991) 43-76.

A. W. PICKARD-CAMBRIDGE, *Dithyramb, tragedy and comedy,* ed. rev. by T. B. L. Webster (Oxford [2]1962).

A. W. PICKARD-CAMBRIDGE, *The dramatic festivals of Athens*, 2nd ed. rev. by J. Gould and D. L. Lewis (Oxford 1968).

A. W. PICKARD-CAMBRIDGE, *The theatre of Dionysus in Athens* (Oxford reimpr. 1956).

A. C. RAMALHO, *Dipla onomata no estilo de Aristófanes* (Coimbra 1952).

M. H. ROCHA PEREIRA, *Estudos de História da Cultura Clássica* I (Lisboa [9]2003).

C. F. RUSSO, *Aristofane autore di teatro* (Firenze 1962).

A. H. SOMMERSTEIN, 'Notes on Aristophanes' *Knights*', CQ 30 (1980) 46-56.

J. TAILLARDAT, *Les images d'Aristophane* (Paris [2]1965).

P. THIERCY, *Aristophane: fiction et dramaturgie* (Paris 1986).

D. WELSH, 'The ending of Aristophanes' *Knights*', *Hermes* 118 (1990) 421-429.

C. H. WHITMAN, *Aristophanes and the comic hero* (Cambridge, Massachusetts 1964).

OS CAVALEIROS

PERSONAGENS DA PEÇA
Demóstenes, escravo do Povo
Nícias, escravo do Povo
Salsicheiro
Paflagónio, intendente do Povo
Coro de Cavaleiros
Povo da Pnix

PERSONAGENS MUDAS
Moço
Tréguas, cortesãs
Escravos do Povo

*A cena representa a casa do Povo. Entra o primeiro
escravo, Demóstenes, logo seguido do colega, Nícias;
ambos esfregam com exuberância as costas.*

DEMÓSTENES ([1])

Ai, ai! Ai, ai! Raio de vida esta! Ai, ai! Ai, ai! Diabos levem
esse tal Paflagónio, maldita compra de última hora! ([2]) Que os
deuses estoirem com ele, mais os seus intentos! Desde o dia em
que pôs os pés nesta casa, há-de sempre arranjar maneira de os   5
escravos serem moídos de pancada.

NÍCIAS

Lá isso é! Um raio parta os Paflagónios, a começar por esse
fulano! Ele e as calúnias dele!

([1]) Para a abertura desta comédia, Aristófanes recorre a dois escravos, que encarnam
um tipo tradicional da cena cómica, pertencente ao número daqueles que o próprio
comediógrafo repudia como desgastados (cf. *Pax* 742-747). Esta representação
primitiva do escravo exemplifica já determinados traços, que viriam a codificam-se
como constantes imprescindíveis na personalidade desta figura cómica; a punição,
que justifica os lamentos exuberantes da entrada em cena, e a capacidade inventiva,
com que o escravo procura, de algum modo, compensar a dureza do seu destino. O
schol. Pax 740 sqq. propõe os nomes de Cratino e Êupolis como responsáveis por
idênticas criações do escravo. Apesar das censuras dirigidas ao desgaste deste
processo cómico, Aristófanes retoma-o na abertura de *Vespas* e de *Paz*. Sobre o
compromisso evidente de Aristófanes com a comédia primitiva, no que respeita à
figura do escravo, *vide* E. Romagnoli, 'Origini ed elementi della commedia
d'Aristofane', *in Filologia e poesia* (Bologna 1958) 360 sqq.

Estes escravos, embora não recebam nome na peça, são claramente a caricatura de Demóstenes, o grande arquitecto da vitória de Pilos (cf. vv. 54-57), e de Nícias,
também ele figura de relevo na referida campanha, aqui identificado na sua timidez
(vv. 16-18), religiosidade (vv. 30-33), pessimismo (vv. 34, 111 sqq.), e repúdio de
uma certa liberalidade de gostos (vv. 87 sq., 97). A personalidade um pouco abúlica
de Nícias inspirou o ataque de Aristófanes, em *Lavradores* (fr. 102K.-A.). Outros
testemunhos da Antiguidade confirmam a mesma imagem de Nícias: cf. Phryn.
Com. fr. 62K.-A.; Th. 7. 11-15, 7. 50. 4; Plu. *Nic.* 18. 6.

[2] Cléon recebe nesta peça um nome de escravo, que alude à proveniência estrangeira
do seu portador, a Paflagónia, na Ásia Menor. De resto, o efeito fónico da palavra
lembra o verbo παφλάζειν (v. 919) 'estrondear', e lança assim a primeira picada
da peça contra a famosa oratória de Cléon. O epíteto νεώνητον congrega a ideia de
uma importância política de fresca data com a de uma proveniência desconhecida,
sempre referida como motivo de opróbrio na comédia, como era, em grande parte,
a dos políticos em evidência na Atenas da época.

DEMÓSTENES

Então, meu pobre amigo, como vai isso?

NÍCIAS

Mal! Cá como lá, camarada!

DEMÓSTENES

Chega-te aqui. Vamos gemer à flauta, à moda de Olimpo (³).

DEMÓSTENES e NÍCIAS *(em uníssono)*

10   Ui, ui! Ui, ui! Ui, ui! Ui, ui! Ui, ui!

DEMÓSTENES

Mas afinal, gemer para quê? Não valia mais procurarmos uma saída e acabarmos com a choradeira?

NÍCIAS

Uma saída? E qual havia de ser?

DEMÓSTENES

Ora diz lá tu.

(³) A Olimpo, que Pseudo-Plutarco (*Moralia* 1133d) considera oriundo da Frígia e discípulo de Mársias (cf. *schol. Eq.* 9), era atribuída uma importante intervenção no mundo musical, nomeadamente na execução à flauta: o seu nome aparecia associado a algumas melodias muito antigas, em honra dos deuses. Neil (*The Knights of Aristophanes*, Hildesheim, 1966, 9) destaca duas facetas principais nesta referência à música de Olimpo: o tom lamuriento e trágico, que faz lembrar o modo lídio, e a execução de uma melodia sem palavras, aludida na sequência μυμῦ (v. 10). Sobre Olimpo, *vide* W. D. Anderson, *Ethos and education in Greek music* (Massachusetts 1966) 125 sqq.

NÍCIAS

Não, não, fala antes tu primeiro, que eu não faço questão
nenhuma disso (⁴).

DEMÓSTENES

Ah, cum raio, eu! Eu, não! Fala tu, força! Depois eu digo tam-   15
bém o que acho.

NÍCIAS

'Fuarça'?! (⁵)… Isso não é para mim. Ora … como é que eu
hei-de dizer a coisa de uma maneira habilidosa, à Eurípides?
'Porque não me dizes tu aquilo que eu tenho de dizer?' (⁶)

(⁴) O que este escravo parece querer dizer é simplesmente que prescinde da oportu-
nidade, que lhe dá o companheiro, de tomar a palavra em primeiro lugar. Cf. v. 339,
em que o Salsicheiro, pelo contrário, se diz disposto a lutar por esse direito,
εἰπεῖν πρῶτα διαμαχοῦμαι. Esta manifestação de timidez, por parte de Nícias,
concorda com outros testemunhos da sua falta de autoconfiança e relutância em
assumir responsabilidades. Cf. supra nota 1.

(⁵) O Segundo Escravo retoma as palavras de incentivo do companheiro,
εἰπὲ θαρρῶν, com uma expressão estranha, θρέττε, com esta única ocorrência,
mas que sugere uma forma de imperativo relacionada sem dúvida com θράσος
'coragem'. Para esta palavra, talvez de carácter muito coloquial, procurei encontrar,
na pronúncia regional 'fuarça!', uma correspondência que pudesse sugerir-lhe, de
algum modo, a originalidade.

(⁶) Κομφευριπικῶς é um hápax de Aristófanes, que justapõe o nome de Eurípides
e o qualificativo κομφός. Este adjectivo tinha, no grego, uma larga aplicação à linguagem, como 'subtil, engenhosa, requintada' (Ar. Av. 195, Th. 460; E. Supp. 426,
Hipp. 986), e parece integrar-se particularmente na linguagem sofística (cf. Nu. 649,
1030). É em Eurípides, poeta de frases de duplo sentido, de afirmações contra-
ditórias, de expedientes dialécticos, que o escravo procura a saída para uma situação
difícil. Ao querer aconselhar a fuga ao colega, o servo adopta um processo subtil e
euripidiano de dar o conselho sem lhe assumir a responsabilidade. Encontra esse
meio no expediente de sugerir ao companheiro a repetição de sílabas, com mais e
mais velocidade, até obter a tão temida palavra αὐτομολῶμεν 'desandemos'.
O composto aristofânico inclui ainda, como elemento paródico, o sufixo –ικός,
que representava, na linguagem dos intelectuais da época, um certo preciosismo (cf.
Ach. 1015 sq., Eq. 1378 sqq., Nu. 1172 sqq.). A corroborar a menção de Eurípides,
o escravo cita o v. 345 do Hipólito (Eq. 16), em que Fedra traduzia a sua relutância
em confiar à Ama a paixão funesta que a dominava.

DEMÓSTENES

20 Ah não! Cerefólios para cima de mim, não! (⁷) Arranja mas é um … raspa (⁸), para nos safarmos do patrão.

NÍCIAS

Repete comigo, an-dar, assim, de um fôlego só.

DEMÓSTENES

Pronto. An-dar.

NÍCIAS

E agora a 'an-dar' junta 'des'.

DEMÓSTENES
'Des'.

NÍCIAS

25 Muito bem! E agora, como quem faz … festinhas, primeiro devagar, diz 'andar', depois 'des', e depois uma a seguir à outra, cada vez mais depressa.

(⁷) Ainda uma vez a personalidade de Eurípides é ligada à tradição que faz de sua mãe, Clito, uma hortaliceira. No entanto, apesar dos constantes gracejos da comédia a este respeito (cf. *Ach.* 457, 478, *Th.* 387, 456, 910, *Ra.* 947), os testemunhos antigos são discordantes. Filócoro, por exemplo, estabelece uma outra versão, que atribui a Clito nascimento ilustre (cf. *Suda, s. v. Euripides*). Na tentativa de preservar o fundamento real que pode apoiar este gracejo da comédia, P. Décharme (*Euripide et l'esprit de son théâtre*, 5) aventa a possibilidade de a mãe de Eurípides ter efectivamente exercido, na juventude, a profissão de hortaliceira, de que um casamento próspero a teria afastado.

(⁸) Ἀπόκινος é o nome de uma dança vulgar na cena cómica (cf. Ath. 629 c, 629 f; Poll. 101), que Ateneu encontra na produção dos mais sucedidos comediógrafos da segunda metade do séc. V, de que Cratino e o próprio Aristófanes (*Centauro*) são dois dos mais significativos exemplos. Sobre as características desta dança, cf. L. B. Lawler, *The dance in ancient Greece* (Connecticut 1964) 133. Ao mesmo tempo, a palavra sugere o verbo ἀποκινεῖν 'safar-se, raspar-se', que, em português, traduz simultaneamente a noção de 'fugir' e de uma dança de profundas raízes populares.

DEMÓSTENES

'Andar', 'des ... andar', 'desandar'.

NÍCIAS

Então que tal? Não é uma delícia?

DEMÓSTENES

Caramba, se é! Não fosse esse tal presságio de temer cá para a coirama.

NÍCIAS

O quê? Que história é essa?

DEMÓSTENES

É que com as tais festinhas lá se me vai o coiro ([9]).

NÍCIAS

Bem, então o melhor que temos a fazer, no ponto em que as coisas estão, é irmos ajoelhar aos pés de uma estátua dos deuses.   30

DEMÓSTENES

O quê? De uma estátua? Tu ainda vais nessa treta dos deuses?

NÍCIAS

Ai não, que não vou!

DEMÓSTENES

Mas com que fundamento?

([9]) O primeiro escravo retoma o δεφόμενος, que o companheiro usara (v. 24) como uma metáfora de âmbito sexual, para traduzir eufemisticamente o seu receio de um açoite.

NÍCIAS

Com o de que sou um perseguido pela divindade ([10]). Não é uma boa razão?

DEMÓSTENES

35   Sem dúvida. Estou plenamente convencido. Bem, então é preciso arranjar outro processo. E se eu contasse a história aos espectadores? Que achas?

NÍCIAS

Não era pior. Só que temos de lhes pedir uma coisa: que nos deixem ver, pela cara que fazem, se estão a gostar dos versos e do argumento.

DEMÓSTENES *(que se volta para o público)*

40   Ora vamos a isto. Cá o nosso patrão é, por temperamento, um saloio – papa-favas, nervos à flor da pele – o Povo, da Pnix, um velhinho de maus fígados, duro de ouvido ([11]). Pois o nosso homem comprou, na lua nova passada ([12]), um escravo, um

---

([10]) O escravo utiliza a expressão no seu sentido religioso de 'detestado pelos deuses', a prova indiscutível de que os deuses existem. No entanto, a resposta ganha um sentido cómico se recordarmos o seu valor coloquial de 'miserável, malvado'.

([11]) São dignos de uma referência os epítetos com que o escravo define o patrão. Ἄγροικος 'lavrador, rústico', que se não isenta de uma ligeira conotação pejorativa, é a condição comum dos heróis de Aristófanes, a quem o poeta dedica a mais calorosa das simpatias. Em Demos encarna a personalidade e hábitos de vida desta população rural. Κυαμοτρώξ 'papa-favas' é um qualificativo que parece comprometer-se com a noção de baixa craveira social e cultural. A. H. Sommerstein (*Knights*, Wilts, 1981, 41) lembra o hábito que os Gregos tinham de mascar favas, como um entretenimento para a execução de tarefas monótonas (cf. *Lys.* 536 sqq.), num uso semelhante ao da pastilha elástica dos nossos dias.

Finalmente o escravo dá a identificação do senhor: Δῆμος πυχνίτης. Demos, além de ser um nome conhecido na Atenas contemporânea (cf. Ar. *V.* 98; Eup. fr. 227K.-A.), proporciona, com o sentido de 'povo', uma simbologia profunda da personagem, muito a carácter com o conteúdo da peça. Πυχνίτης funciona como o nome da freguesia de origem de Demos, a Pnix, onde o povo se reunia em assembleia, no exercício da sua autoridade democrática.

([12]) No dia da lua nova, considerado o primeiro dia do mês, tinha lugar o mercado (cf. *V.* 169-171).

Paflagónio, curtidor de profissão, a fajardice em pessoa, a lin- 45
guinha mais afiada que já se viu. Mal descobriu o fraco do velho,
esse tal Paflagónio dos curtumes arma-se em capacho e vá de
engraxar o patrão, de o bajular, de lhe lamber as botas, de o
embrulhar com ... umas aparas de couro; e eram falinhas desta
laia: 'Povo, despacha primeiro um processo – não mais que 50
um! ([13]) – e vem tomar a tua banhoca'; 'Depois toca a papar, mete
para o bucho, chega-lhe bem. Aqui tens os três óbolos' ([14]);
'Queres que te sirva outra ceia? ([15])' Vai daí o Paflagónio fila o
prato que um de nós tinha preparado e vai dá-lo ao patrão de presente. Ainda um dia destes, tinha eu estado, em Pilos, a amassar 55
um pão da Lacónia, e o tipo – lata é coisa que não lhe falta! –
passa de corrida, deita-lhe a unha, e vai ele servi-lo, o pão que eu
tinha amassado ([16]). A nós mantém-nos à distância, não permite
que mais ninguém sirva o patrão. Durante o jantar, o cavalheiro, 60
de pé, correia na mão, espanta ... os oradores ([17]). É só ele cantar os oráculos e aí temos o velho num delírio sibilino ([18]).

([13]) Para o esclarecimento deste passo, *vide V*. 594 sqq.

Na assembleia, um orador que queria conciliar as boas graças dos ouvintes podia utilizar demagogicamente a proposta de que, num determinado dia, o tribunal encerrasse após ter considerado apenas uma causa. Tal significava que os juízes receberiam o pagamento total de um dia de trabalho, sem cumprirem integralmente o de serviço. Sobre o assunto, cf. D. M. MacDowell, *Aristophanes. Wasps* (Oxford reimpr. 1978) 213 sqq.

([14]) O pagamento devido aos juízes havia sido criado por Péricles e correspondia, na segunda metade do séc. V, a três óbolos diários. Os *schol. V.* 88, *Av.* 1541 parecem documentar que se deveu à influência de Cléon o aumento de dois para três óbolos do salário dos magistrados. De resto, *Nu.* 863 pode eventualmente sugerir um primeiro montante, de um óbolo apenas. Cf. D. M. MacDowell, *The law in classical Athens* (London 1978) 34 sqq.

([15]) A designação comum no séc. V para o jantar era δεῖπνον, sendo δόρπον uma refeição suplementar, servida mais tarde do que a habitual. Na ânsia de adulação, o Paflagónio propõe a Demos, depois da refeição normal, já de si suculenta, uma ceia extra.

([16]) Este pão simboliza o caso de Pilos e a derrota dos Lacónios em Esfactéria. Sobre o desenvolvimento deste episódio da guerra, cf. Introdução, 7-8.

([17]) Βυρσίνην 'com uma correia' é uma alteração subtil, bem aplicada ao Paflagónio dos curtumes, da normal μυρσίνην, um ramo de mirto destinado a espantar moscas inoportunas.

([18]) Tucídides confirma o imenso interesse dos Atenienses por oráculos, nestes anos de guerra (2. 21. 3, 2. 54, 56. 3-4). A comédia não deixou de se insurgir contra os vendedores de oráculos (cf. *Pax* 1047-1126) ou aqueles que se serviam deles para defenderem os seus interesses, como o Paflagónio (cf. *Eq.* 960-972, 997-1089, 1229-1248).

65 Quando vê o tipo apalermado ([19]), põe em função os seus métodos: ou seja, mete-lhe patranhas contra os da casa. Aí chicotadas
para cima da malta. Então o Paflagónio põe-se a perseguir a cri-
adagem, faz pedidos, atormenta, explora, e lá vem com a cantiga: 'Vocês vêem o Hilas? A sova que ele não apanhou, graças a
mim! Pois se me não obedecerem, hão-de ter um rico enterro, e
não passa de hoje!' E nós? Nós damos. Porque se não, com um
70 apertão, o velho faz-nos ... cagar oito vezes mais. *(Para o companheiro.)* Pois, meu amigo, toca a resolver que caminho havemos de tomar e a que porta bater.

NÍCIAS

O melhor, meu caro, ainda é aquela do 'desandar'.

DEMÓSTENES

Mas é impossível que alguma coisa passe despercebida ao
75 Paflagónio. De olho em cima de tudo como ele anda sempre ([20])!
Tem um pé em Pilos e outro na assembleia ([21]). E tão escarran-

---

A primeira referência à Sibila ocorre em um fragmento de Heraclito (fr. 92 D.-K.);
em *Paz*, a Sibila é mencionada como fonte de oráculos (vv. 1095, 1116). Parece
poder afirmar-se para a primeira Sibila a proveniência da Ásia Menor.
Posteriormente, vários locais proféticos surgiram, sob o patrocínio da Sibila, dos
quais o mais famoso se situava em Cumas, na região de Nápoles. Sobre o oráculo
da Sibila e os problemas ligados à sua origem e implantação, cf. H. W. Parke, *Greek
oracles* (London 1967) 49-55.

([19]) Μαχχοᾶν, forma rara no grego, tem nesta comédia a sua primeira ocorrência.
Citada pela *Susa* a figura da mulher estúpida como Μαχχώ, o tipo do estúpido
Maccus encontrou na atelana itálica um grande sucesso. Sobre este modelo popular
e o seu eventual parentesco com o teatro grego primitivo, cf. G. E. Duckworth, *The
nature of Roman comedy* (Princeton reimpr. 1971) 10-13.

([20]) O verbo ἐφοράω 'estar vigilante' usa-se, em Homero e nos trágicos, em relação
ao Sol (*Il.* 3. 277, *Od.* 11. 109; S. *El.* 824; E. *Hipp.* 849) e aos deuses (*Od.* 13. 214;
S. *El.* 175). Êupolis (fr. 316K.-A.), contemporâneo de Aristófanes, aplica-o igualmente a Cléon, para definir a vigilância atenta que o demagogo exerce sobre a
cidade de Atenas.

([21]) Como uma espécie de colosso, Cléon tem as suas bases de sustentação na
Assembleia popular, cujos votos manipula, e na recente vitória militar obtida em
Pilos, que veio acrescentar alguns trunfos à sua ascensão política.

chado fica com esta pernada, que alapa o rabo mesmo em cima da Pategónia, as manápulas na Pedinchina, e o miolo na Latrónia ([22]).

NÍCIAS

Bem, então a nossa safa é dar o triste pio.   80

DEMÓSTENES

Vê lá! Morrermos, sim, mas com honra.

NÍCIAS

E como? Como é que havemos de o fazer com honra? Mais vale bebermos sangue de toiro: uma morte à Temístocles ainda é a melhor que se pode desejar ([23]).

DEMÓSTENES

Ora, ora! Temos mas é de entornar uma pinga do genuíno à   85
nossa boa estrela ([24]). Talvez assim tenhamos uma ideia que se aproveite.

([22]) Esta sucessão de etnónimos é propositadamente escolhida pela sugestão de palavras idênticas, capazes de pôr em relevo os defeitos mais salientes do demagogo: o nome de Cáones, povo do Epiro, lembra χάσκειν 'ficar boquiaberto, embasbacar'. Segundo a minha interpretação, o sucesso de Cléon depende dos 'pategos', dos 'basbaques', que são arrastados pela sua verborreia, como o Demos da nossa peça. No entanto, Coulon, *Les Cavaliers* (Paris 1972) 83, faz outra leitura do passo, vendo nele uma menção dos maus costumes de Cléon. Αἰτωλοῖς, o nome dos Etólios, recorda imediatamente o verbo αἰτέω 'pedir'. Por fim o escoliasta refere que Κλωπίδαι é uma deturpação cómica de Κρωπίδαι, habitantes de um *demos* da Ática, que aproximava a palavra de κλώφ, 'ladrão'.

([23]) Plínio (*HN* 11. 90) confirma esta crença dos antigos a respeito das propriedades venenosas do sangue de boi. Tucídides (1. 138. 4) relata como natural, causada pela doença, a morte do general ateniense Temístocles; no entanto, uma outra tradição, transmitida por Diodoro Sículo (11. 58. 2-3) e Cícero (*Brutus* 43), refere-se a um suicídio por ingestão de sangue de boi, a única saída que Temístocles encontrou para não corresponder a uma solicitação do rei da Pérsia, para que o auxiliasse na conquista da Grécia. A respeito deste assunto, *vide* R. J. Lenardon, *The saga of Themistocles* (London 1978) 192-200.

([24]) A expressão ἀγαθοῦ δαίμονος acompanhava tradicionalmente a ingestão de um pouco de vinho sem mistura, a primeira libação que se fazia após o jantar (cf. Nicostr. Com. fr. 19K.-A.).

NÍCIAS

Ora vejam lá! Com que então uma pinga do genuíno! Julgas tu que é com vinho que isto se resolve?! Como é que um tipo borracho pode tirar da cabeça uma ideia que se veja?

DEMÓSTENES

A sério, meu menino?!!! Lá para meter água estás tu por aí três vezes (²⁵). O vinho, atreves-te a negar-lhe a invenção? É um insulto! O vinho ... que outra coisa poderias tu arranjar mais eficaz do que o vinho? Repara bem: se os homens bebem, são ricos, prosperam nos negócios, ganham os processos, são felizes, podem deitar a mão aos amigos. Vá lá, depressa, arranja-me um côngio de vinho para eu regar o bestunto, a ver se me sai uma ideia de génio.

NÍCIAS

Ai de mim! Em que nos vais tu meter agora com a pinga?

DEMÓSTENES

Numa boa, pela certa! Anda, traz lá! *(Nícias entra em casa.)* Vou-me estender ao comprido. Se apanho um pifo, borrifo isto tudo aqui de planozinhos, de frasezinhas, de ideiazinhas. *(Reclina-se no chão, como para um banquete.)*

(²⁵) Κρουνοχυτρολnραῖος é um vistoso composto, cujo sentido é 'disparatado, asneirento'. Nele se encontram os elementos χρουνός 'fluxo de água', palavra que é usada na comédia com o valor de 'arrazoado' (cf. Crat. fr. 198K.-A.; Ar. *Ra.* 1005); χύτρα 'panela'; ληραῖος 'disparatado, aquele que pronuncia palavras sem sentido'. Para maior esclarecimento do sentido deste composto, *vide* J. Taillardat, *Les images d'Aristophane* (Paris ²1965) 271.

A defesa que o escravo faz do poder inspirador do vinho recorda idêntica afirmação de Cratino em relação à inspiração poética (fr. 203K.-A.): 'O vinho é, para o poeta talentoso, veloz corcel; nunca se viu quem bebe água produzir obra de génio'. Julgo poder, de algum modo, sugerir o gracejo do original com a expressão 'meter água', sinónima de 'disparatar', que deixa manifesta a ideia de 'água', em oposição a 'vinho'.

NÍCIAS *(que regressa com um odre e uma taça)*

Foi mesmo uma sorte não ter sido apanhado lá dentro a roubar o vinho.

DEMÓSTENES

Diz-me cá: o Paflagónio, o que anda a fazer?

NÍCIAS

Lambeu-se com uns salgadinhos confiscados ([26]), e agora o maldito, bêbedo que nem um cacho, ronca a bom roncar, espapaçado em cima dos curtumes.

DEMÓSTENES

Vamos lá, faz-me aí gorgolejar um bom trago de vinho sem mistura, para uma libação.

105

NÍCIAS

Toma, faz uma libação ao Génio do Bem.

DEMÓSTENES

Vamos, entorna-me, entorna-me esse génio de… Pramnos ([27]). *(Bebe o vinho de um trago.)* Ó Génio do Bem, a ideia foi tua, não foi minha.

NÍCIAS

Fala, por favor, o que há?

([26]) Os ἐπίπαστα, tipo de biscoito temperado com sal, eram servidos como aperitivos. A eles Aristófanes adiciona, por ironia, o qualificativo 'confiscados', que põe em relevo uma das maiores pechas da sociedade contemporânea (cf. Arist. *Ath. Pol.* 1320a 4). Em certos casos previstos na lei, como o de homicídio voluntário (cf. Lys. 1. 44), os bens do morto eram apreendidos pelo Estado e posteriormente vendidos. Além do próprio Estado (cf. Ar. *V.* 659), os delatores eram os grandes beneficiários destas confiscações, já que lhes era atribuída parte de lucro em tais processos.

([27]) Ao pedido sério feito pelo companheiro, este escravo responde com a irreverência

DEMÓSTENES

110　Os oráculos do Paflagónio, depressa! Vai lá dentro, rouba-os e traz-mos cá, enquanto ele está a dormir.

NÍCIAS

Seja. Mas esse teu génio, receio bem que se torne para mim num génio do mal. *(Entra em casa.)*

DEMÓSTENES

Ora vamos lá! Deixa-me levar o côngio à boca, a ver se rego o bestunto e me sai uma ideia que se aproveite. *(Bebe.)*

NÍCIAS *(que regressa)*

115　Que traques dá lá dentro o Paflagónio! Ronca como gente grande! Foi da maneira que lhe bifei, sem ele dar por isso, o oráculo sagrado, que guardava a sete chaves.

DEMÓSTENES

És uma cachola! Passa cá, para eu o ler. E tu, depressa, enche-me aí o copo. *(Começa a ler.)* Ora bem, deixa ver o que diz aqui
120　… Oh, profecias! Dá cá a taça, dá cá a taça, rápido!

NÍCIAS

Toma. O que diz o oráculo?

DEMÓSTENES *(que lhe estende a taça vazia)*

Enche-me outra.

---

de um bom apreciador de vinho. Τοῦ Πραμνίου ocorre como uma παρὰ προσδοκίαν. O vinho de Pramnos é louvado por Ateneu (30 b-c) como um vinho bem apaladado, forte e seco. Já Homero elogiava a sua alta qualidade (*Il.* 11. 639, *Od.* 10. 235). O confronto entre a arte dos poetas e as características desta bebida parece um lugar comum entre os comediógrafos: cf. Ar. frs. 334, 614K.-A.; Phryn. Com. fr. 68K.-A.

NÍCIAS

É isso que diz aí nas profecias: 'enche-me outra'?

DEMÓSTENES

Ó Bácis ([28])!

NÍCIAS

O que é?

DEMÓSTENES

Passa cá a taça, depressa!

NÍCIAS *(que lhe devolve a taça cheia)*

Muito se servia da taça esse tal Bácis!

DEMÓSTENES

Patife de Paflagónio! Era então por causa disto que, de há   125
tempos para cá, tomavas todas as precauções! Este oráculo a teu
respeito fazia-te medo.

NÍCIAS

Porquê?

([28]) Bácis era o nome de um famoso oráculo da Beócia, a quem os Gregos atribuíam
importantes profecias sobre os acontecimentos das guerras pérsicas (cf. Hdt. 8. 20,
8. 77. 12-14, 8. 96. 6-13, 9. 43). Durante a guerra do Peloponeso, os Atenienses, per-
turbados, tornaram-se muito receptivos a adivinhos e profetas. Não surpreende, portanto, que figuras de vates como Bácis gozassem de uma grande popularidade (cf.
Eq. 1003, *Pax* 1070-1072, *Av.* 962-980). Posteriormente, como acontecera com a
Sibila (cf. *supra* nota 18), este oráculo aparece-nos referenciado em vários locais.
Sobre o assunto, *vide* M. P. Nilsson, *Greek folk religion* (Philadelphia reimpr. 1972)
127-129.

DEMÓSTENES

Diz aqui qual vai ser o fim dele.

NÍCIAS

E qual é?

DEMÓSTENES

130 Qual é? O oráculo diz, pura e simplesmente, que, para começar, aparece um negociante de estopas ([29]), que será o primeiro a administrar a cidade.

NÍCIAS

Um então é esse, o tal negociante. E depois? Continua lá!

DEMÓSTENES

Depois dele, em segundo lugar, é a vez de um mercador de gado ([30]).

NÍCIAS

Dois negociantes, portanto. E a esse, o que é que lhe acontece?

([29]) O oráculo estabelece esta cronologia a partir da morte de Péricles. Foi então que Atenas conheceu o apogeu dos demagogos, em geral de origem humilde e proprietários de pequenas indústrias. Sobre estas figuras públicas da democracia ateniense, cf. *The Cambridge Ancient History*, V ([7]1969) 106-110. O negociante de estopas que inicia esta nova dinastia é Êucrates, que não parece ter tido uma actuação proeminente à testa da cidade (cf. v. 254; Ar. frs. 149, 716K.-A.).

([30]) Este mercador de gado é Lísicles (cf. v. 765), orador e político. Plutarco (*Per.* 24. 4) conta que, depois da morte de Péricles, Lísicles se ligou a Aspásia; veio a morrer em campanha na Ásia (Th. 3. 19. 2).

DEMÓSTENES

Governa, até que apareça um outro fulano mais safado do que   135
ele. Nessa altura leva sumiço. Vem depois o Paflagónio vendedor
de curtumes, gatuno, grasnador, com voz de Ciclóboro ([31]).

NÍCIAS

Quer dizer então que estava escrito que o negociante de gado
havia de ser derrubado por um vendedor de curtumes?

DEMÓSTENES

É isso mesmo!

NÍCIAS

Mas que desgraça esta! Onde se há-de ir arranjar mais um   140
negociante, só mais um?

DEMÓSTENES

Ainda há mais um, e com um ofício incrível.

NÍCIAS

Diz lá, por favor! Quem é ele?

DEMÓSTENES

Digo?

NÍCIAS

Anda lá, caramba!

([31]) O Ciclóboro era uma torrente localizada na Ática, que se despenhava com fragor.
Para a mesma metáfora, aplicada à oratória vibrante de Cléon, cf. *Ach.* 381, *V.* 36,
1034, 1228. Em *Cavaleiros*, este motivo converte-se num lugar comum: cf. vv. 256,
274-276, 286, 304, 487, 863, 1018.

DEMÓSTENES

Um salsicheiro! É quem há-de correr com o fulaninho.

NÍCIAS

145 Um salsicheiro? Ena pá, que profissão! Ora bem, e onde se vai desencantar esse camarada?

DEMÓSTENES

Procura-se. *(Aparece o Salsicheiro com os seus apetrechos de trabalho.)*

NÍCIAS

Olha, aí o tens, lá vem ele para o mercado, como por milagre.

DEMÓSTENES

Ei, Salsicheiro, seu felizardo! Anda cá, anda cá, meu amigo, chega aqui acima ([32]). Foi a salvação da cidade e a nossa, a tua vinda.

([32]) Tem sido motivo de ampla discussão o problema cénico que levanta a forma ἀνάβαινε 'sobe'. No seu sentido corrente, ἀναβαίνω implica um desnível de cena, que, de qualquer modo, o público poderia constatar. R. A. Neil, *The Knights of Aristophanes* (Hildesheim 1966) 27, sugere que a casa de Demos ocupasse um plano superior ao da ágora, para de certo modo aludir à sua localização na colina da Pnix ou na Acrópole.

Por seu lado, A. W. Pickard-Cambridge, *The theatre of Dionysos in Athens* (Oxford reimpr. 1956) 69, depois de afirmar que não há motivo para defender a existência de planos elevados na cena grega, explica expressões como ἀναβαίνειν e καταβαίνειν como referentes à entrada e saída das personagens, pelo facto de os párodos registarem uma certa inclinação em relação ao nível da orquestra. P. Arnott, *Greek scenic conventions in the fifth century B. C.* (Oxford 1962) 27-34, sobretudo 31-33, pelo contrário, propõe-se defender, ao que parece com alguma razão, a teoria de que havia, no teatro grego do séc. V, um palco elevado, e encontra neste passo de *Cavaleiros* e respectivo escólio um argumento decisivo. Segundo Arnott, o v. 169, 'sobe também (καί) à tua banca', pressupõe um movimento de subida anterior e confirma a ilação tirada do v. 149.

SALSICHEIRO *(que se aproxima)*

O que há? O que é que vocês me querem?   150

DEMÓSTENES

Anda cá, para ficares a saber o felizão que és. Que sortalhaça a tua!

NÍCIAS

Vamos. Desembaraça-o da banca e põe-no ao corrente do que diz o oráculo do deus. Eu vou lá dentro dar uma vista de olhos ao Paflagónio. *(Entra em casa.)*

DEMÓSTENES *(ao Salsicheiro)*

Ora bem, tu, antes de mais nada, pousa-me essa tralha no   155
chão, e faz as tuas orações à terra e aos deuses (³³).

SALSICHEIRO
(depois de pousar no chão todos os apetrechos)

Pronto! Mas o que vem a ser isto?

DEMÓSTENES

Homem de sorte! Seu ricaço! Se hoje não és ninguém, amanhã vais estar nos píncaros! Ó soberano (³⁴) da feliz Atenas!

SALSICHEIRO

Olha, amigo, porque me não deixas lavar as tripas e vender os   160
chouriços em paz, em vez de te pores a mangar comigo?

(³³) O Escravo convida o Salsicheiro a saudar simultaneamente as divindades ctónias e celestes, em acção de graças pelo privilégio concedido.
(³⁴) O grego ταγός 'soberano, chefe' é palavra do mais puro estilo poético: cf. A. *Pers*. 23, 324, 480, *Ag*. 110; S. *Ant*. 1057; E. *IA* 269. Por esse facto é sugestiva da ênfase com que o escravo saúda o recém-chegado.

DEMÓSTENES

Ó seu palerma! Tripas?! ... Quais tripas, qual carapuça! Olha aqui. *(Aponta para o anfiteatro.)* Estás a ver estas filas de gente?

SALSICHEIRO

Estou.

DEMÓSTENES

165 Pois é de todos eles que tu vais ser rei e senhor ([35]). E da ágora, e dos portos, e da Pnix ([36]). Conselho, calca-lo aos pés; generais, cortas-lhes as vazas; pões algemas, mandas para a prisão; e no Pritaneu ... fornicas ([37]).

SALSICHEIRO

Quem? Eu?

DEMÓSTENES

Tu, pois! E ainda não viste tudo. Ora trepa aí também à tua
170 banca e deita uma olhadela às ilhas todas em volta ([38]).

SALSICHEIRO *(em cima da banca)*

Estou a ver.

DEMÓSTENES

A ver o quê? Os mercados e os navios de carga?

([35]) Também o título ἀρχέλας (=ἀρχέλαος) tem sabor trágico, e apenas está abonado em A. *Pers.* 297.

([36]) Cf. *supra* nota 11.

([37]) Λαικάζεις substitui o esperado σιτήσει 'comes' (cf. vv. 280 sq., 535, 766, 1404 sq.). Era no Pritaneu que o Estado servia as refeições aos seus hóspedes de honra, beneméritos da pátria, órfãos de guerra, ou embaixadores estrangeiros (cf. *Ach.* 124 sq.).

([38]) O escravo refere-se às ilhas do mar Egeu, na maior parte sob domínio ateniense, que constituíam o império insular da cidade de Palas (cf. v. 1319, *Pax* 760). De todas elas o afortunado Salsicheiro será também soberano.

SALSICHEIRO

Sim, isso mesmo.

DEMÓSTENES

E então? Tens ou não tens uma sortalhaça dos diabos? E agora
vira um olho para a Cária, o direito, e o outro para Cartago ([39]).

SALSICHEIRO

Uma sortalhaça em torcer o pescoço?!   175

DEMÓSTENES

Nada disso! Podes negociar com tudo o que tens à vista, à tua
vontade. Porque passas a ser – é aqui o oráculo quem o diz – um
grande senhor.

SALSICHEIRO

Mas diz-me cá uma coisa: como é que eu, um salsicheiro, me
vou tornar num 'senhor'?

DEMÓSTENES

Mas é precisamente nisso que está a tua grandeza: em seres   180
um canalha, um vagabundo e um valdevinos.

SALSICHEIRO

Pois eu não me julgo digno de tamanho poder.

([39]) Relativamente aos actores do teatro de Dioniso, quando voltados para o público,
à direita ficava o oriente, à esquerda o Mediterrâneo ocidental. A conquista da Cária
e de Cartago estava de facto nos projectos de alguns políticos atenienses: uma
primeira tentativa no oriente havia sido empreendida alguns anos antes (428), por
Lísicles (Th. 3. 19. 2); por seu lado, Hipérbolo alimentava o sonho de conquistar a
Sicília (cf. vv. 1300-1315). Este projecto havia de redundar, como é sabido, num
total insucesso, em 415. No entanto, do ponto de vista comercial, Atenas mantinha
uma actividade apreciável nessas longínquas paragens (V. 700).

DEMÓSTENES

Ai, ai! Ai, ai! O que é que te faz dizer que não te achas digno? Está-me a parecer que tens alguma coisa de bom a pesar-te na consciência. Não serás tu filho de boas famílias por acaso ([40])?

SALSICHEIRO

185   Nem por sombras! De patifes, mais nada.

DEMÓSTENES

Homem ditoso! Que sorte a tua! Tens todas as qualidades para a vida pública.

SALSICHEIRO

Mas, meu caro amigo, instrução ([41]) não tenho nenhuma. Conheço as primeiras letras; e, mesmo essas, mal e porcamente.

DEMÓSTENES

190   Ora aí está o teu único senão, que as conheças, por mal e porcamente que seja. A política não é assunto para gente culta e de bons princípios; é para os ignorantes e velhacos. Não me desprezes o que os deuses te concedem nos seus oráculos.

SALSICHEIRO

Mas afinal, como é que fala o oráculo?

([40]) Sobre o sentido da expressão καλοὶ κἀγαθοί, *vide* M. H. Rocha Pereira, *Estudos de História da Cultura Clássica*, I (Lisboa ⁹2003) 379 sq.; H. Marrou, *Histoire de l'éducation dans l'Antiquité* (Paris ⁶1965) 84-86.

([41]) O Salsicheiro refere-se ao aspecto intelectual da educação elementar, por oposição à educação física, γυμναστική. Naturalmente que a formação intelectual do jovem ateniense compreendia conhecimentos elementares, γράμματα 'as primeiras letras', e outros de nível mais avançado, noções de música e o estudo dos poetas, que compunham a verdadeira μουσική (cf. Pl. *Prt.* 325d-326b). A respeito do nível cultural obtido e da sua relação com o nível social e económico dos discípulos, *vide* F. A. G. Beck, *Greek education in 450-350 B. C.* (London 1964) 80-85. Sobre a tradição da ignorância dos demagogos na comédia, cf. V. 959 sq.; Eup. fr. 208K.-A.

DEMÓSTENES

A preceito, coa breca! Em termos rebuscados, com palavras   195
enigmáticas. 'Quando a águia dos couros, de garras curvas,
arrebatar no bico a serpente tacanha, chupadora de sangue, é o
fim do escabeche dos Paflagónios ([42]). Aos toucinheiros os céus   200
destinam grande glória, a não ser que prefiram continuar a
vender chouriços'.

SALSICHEIRO

E o que é que isso tem a ver comigo? Explica-me lá.

DEMÓSTENES

A águia dos couros é o Paflagónio, que está ali. *(Aponta na
direcção da casa.)*

SALSICHEIRO

E que história é essa das 'garras curvas'?

DEMÓSTENES

Está mesmo a dizer: com as mãos que nem garras, o tipo   205
apanha e leva.

SALSICHEIRO

E a serpente, o que é que significa?

([42]) Estes versos, que parodiam o estilo oracular, imitam dele os elementos mais
característicos: as palavras de abertura, ἀλλ' ὁπόταν (cf. *Av.* 967, *Lys.* 770) e a
metáfora de feras rivais, com referência à águia e à serpente (cf. Hom. *Il.* 12.
200-207; Ar. *V.* 15-19).

Σχοροδάλμη era um tempero à base de alho, cujo paladar áspero condimenta-
va, com sucesso, a cozinha oriental (cf. Lucianus, *Alex.* 39). Sommerstein, *Knights*
(Wilts 1981) 153, entende, e julgo que com justeza, que esta referência à aspereza
do tempero alude ao carácter contundente e 'avinagrado' de Cléon. A palavra portuguesa 'escabeche' tem a vantagem de designar um tempero culinário forte e
áspero, além de sugerir as questões permanentes a que é dado um espírito confli-
tuoso.

DEMÓSTENES

Isso então é claro como água. A serpente é comprida, o chouriço também é comprido. E chupador de sangue, tanto o é o chouriço como a serpente. A serpente, portanto, segundo o que lá diz, vai vencer a águia dos couros, a não ser que se deixe enrolar com conversa fiada.

SALSICHEIRO

Esse oráculo deixa-me muito lisonjeado. Mas admira-me como vou ser capaz de governar o povo.

DEMÓSTENES

É muito simples. Continua a fazer aquilo que já fazes: misturas os negócios públicos, amassa-los todos juntos, numa pasta ([43]). O povo, conquista-lo quando quiseres, com umas pala-vrinhas delicodoces, lá da tua especialidade. Tudo o mais necessário à demagogia tem-lo tu de sobra, voz de safado, baixa condição, ar de valdevinos. Tens tudo o que é preciso para a go-vernação. As profecias e o oráculo de Apolo estão de acordo ([44]). Vamos, põe a coroa e faz uma libação à ... Estupidez. Depois, trata de arrumar com o tipo.

SALSICHEIRO

E para meu aliado, quem se há-de arranjar? Bem sabes, os ricos morrem de medo dele, e o pobre do povo borra-se de susto.

DEMÓSTENES

Tens os cavaleiros, um milhar de valentes que o detestam, e

([43]) É na terminologia culinária que Aristófanes se inspira neste momento, para definir a actividade do político. Com sentido semelhante, o verbo ταράττω é retomado frequentemente na comédia: cf. vv. 247, 358, 431, 840, 867.

([44]) O oráculo que predissera a queda do Paflagónio era Bácis. Dada a importância e autoridade do seu oráculo, em Delfos, Apolo é agora mencionado como inspirador da mesma profecia, no sentido de encorajar o Salsicheiro.

que hão-de vir em teu socorro ([45]). Depois, há também os cidadãos honestos, a gente fixe, e, no meio do público, sempre há-de haver alguém com dois dedos de testa; além deles, estou cá eu, e o deus ([46]), que se há-de pôr do nosso lado. Não tenhas 230
medo, que o tipo não está nada parecido. É tal o cagaço, que não houve um único fabricante que lhe quisesse fazer a máscara ([47]). Mesmo assim, vai ser reconhecido. O público é de olhão.

NÍCIAS (de dentro de casa)

Deus nos acuda! Aí vem o Paflagónio.

PAFLAGÓNIO

Não, com seiscentos diabos! Vocês os dois não se vão ficar a 235
rir das conspiraçõezinhas ([48]) que têm andado a tramar contra o povo. *(Repara na taça de que Demóstenes se servira.)* O que está aqui a fazer essa taça de Cálcis ([49])? Não há dúvida, vocês estão a levar os Calcídicos à revolta. Um raio que vos parta, seus velhacos de uma figa! Hão-de ter um rico enterro! *(O Salsicheiro foge espavorido.)*

([45]) O corpo de cavalaria era, no início da guerra, constituído por mil homens. Dos mil e duzentos referidos por Tucídides (2. 13. 8), duzentos correspondiam à categoria inferior dos ἱπποτοξόται. Facilmente entenderemos a inimizade de classe, que separa os cavaleiros de Cléon, se recordarmos que o corpo de cavalaria era recrutado de entre os membros das melhores famílias aristocráticas, tradicionalmente a nata da sociedade ateniense, e o demagogo, um simples industrial dos curtumes.

([46]) O deus, neste caso, é com certeza Apolo, o incitador do conflito através dos seus oráculos.

([47]) A máscara, na comédia antiga, gozava de uma grande liberdade, e devia sugerir, embora com exagero caricatural, a personagem real que representava. Para a consideração dos vários tipos de máscaras utilizados nesta fase da produção cómica, *vide* A. W. Pickard-Cambridge, *The dramatic festivals of Athens*, ed. rev. por J. Gould e D. M. Lewis (Oxford ²1968) 218-220; K. J. Dover, 'Portrait-masks in Aristophanes', *Komoidotragemata* (Amsterdam 1967) 16-24. Segundo um *schol. ad loc.*, o próprio Aristófanes se teria encarregado de desempenhar o papel desta personagem. De resto, convém notar ainda que, apesar de ter iniciado há já alguns anos a sua carreira, pela primeira vez o poeta apresentava uma peça em seu nome (cf. *infra* nota 105). Será que, dado o anterior conflito com Cléon (cf. *infra* nota 104), Aristófanes não encontrara um διδάσκαλος disposto a empenhar-se numa peça também ela anticleoniana?

([48]) A suspeita de conspiração, levantada por Cléon e seus partidários contra os opositores políticos, parece ter sido vulgar, se considerarmos a abundância de exemplos em que a comédia se lhe refere: cf. vv. 257, 452, 476-479, 628, 862, *V.* 345, 483, 488, 507, 953.

([49]) O Paflagónio identifica a taça como proveniente de Cálcis, cidade da ilha de

DEMÓSTENES

240   Ei, tiozinho! Porque te escapas? Ó Salsicheiro, homem de brios como és, não abandones a nossa causa. *(Chama em direcção ao párodo.)* Cavaleiros, venham! Chegou o momento. Ó Simão, ó Panécio, avancem para a ala direita ([50])! *(Ao Salsicheiro, tranquilizador.)* Já estão perto, os nossos homens.

245   Vamos, defende-te, atira-te ao fulano. A poeira é sinal de que eles estão por aí a aparecer. Vá lá, faz-lhe frente, vai atrás dele, dá-lhe uma corrida!

CORO

Dá-lhe, dá nesse patife, a sombra negra dos Cavaleiros ([51]), esse cobrador de impostos, um poço sem fundo, a Caríbdis do rapinanço ([52]). Um patife – e que patife! –, posso repeti-lo mil

250   vezes, porque patife era ele mil vezes cada dia. Vamos, dá-lhe para baixo, persegue-o, atormenta-o, chateia-o, detesta-o – como nós o detestamos –, cai-lhe em cima em grande grita. Põe-te a

---

Eubeia, famosa pela sua indústria de vasos de prata e bronze. E da posse desta taça tira a ilação inconcebível de que os seus possuidores se encontram em termos de aliança ilícita com inimigos de Atenas. Depois de ter feito ligas políticas e comerciais em campo oposto ao de Atenas, a ilha de Eubeia viu-se, em meados do séc. V, dominada pelos cidadãos de Palas. A partir de então, tornou-se um importante abastecedor de cereal, que os Atenienses temiam perder nestes anos da guerra do Peloponeso (cf. Th. 3. 92-93).

([50]) O texto dá conta da entrada sucessiva dos elementos do coro, que começam a aparecer no v. 242, para só concluírem a sua distribuição na orquestra no v. 246. Dois deles, Simão e Panécio, são nomeados em particular. O escoliasta identifica-os com os hiparcos do ano. Sobre Simão, podemos acrescentar que o seu interesse e conhecimento de cavalos o fez autor de um livro sobre cavalaria, que Xenofonte (*Eq.* 1. 1) cita com consideração. Quanto a Panécio, Sommerstein, *Knights*, 155 sq., propõe a sua identificação com um dos membros implicados na mutilação dos hermes, em 415, que por tal sofreu pena de exílio e confiscação de bens, ainda que posteriormente tenha regressado a Atenas e recuperado a sólida fortuna de que era possuidor (And. 1. 13. 52-53, 67-68).

([51]) O composto ταραξιππόστρατος é um neologismo aristofânico, criado por sugestão da palavra Τάραξιππος, nome de um espírito do mal, que frequentava as corridas, causando pânico nos cavalos e o consequente derrube dos cavaleiros. A presença malfazeja desta entidade perturbadora (ταράσσειν) liga-se sobretudo a Olímpia e ao Istmo (cf. Paus. 6. 20. 15-19): *vide* H. A. Harris, *Sport in Greece and Rome* (London1972) 170 sq. A tradução 'sombra negra' parece corresponder satisfatoriamente à ideia de 'elemento perturbador', simbolizado em qualquer coisa de impalpável, como o é a natureza do δαίμων.

([52]) Sila e Caríbdis eram as designações que a tradição dava aos dois monstros que ladeavam o estreito de Messina. Caríbdis, filha da Terra Mãe e de Posídon, era

pau, não vá ele escapar-se, que o tipo conhece os caminhos por onde Êucrates se raspava direitinho ao farelo ([53]).

PAFLAGÓNIO

Ó velhos heliastas, da confraria do trióbolo, que eu sustento a berrar, com razão ou sem ela ([54]), venham em meu socorro! É uma conspiração! Estão-me a desancar! 255

CORO

É muito bem feito, já que tu emborcas os bens do Estado, mesmo antes de te terem cabido em sorte ([55]); como quem colhe figos, apertas os magistrados na prestação de contas, a ver os que estão verdes, ou maduros, ou para amadurecer ([56]). E pões-te à coca a ver se entre os cidadãos aparece um cordeirinho, rico, sem 260

---

conhecida pela voracidade. Segundo o mito, três vezes ao dia aspirava um enorme volume de água, o que a tornava um pesadelo temido pelos marinheiros (cf. R. Graves, *The Greek myths*, II (London reimpr. 1977) 361 sq.). Vemo-la associada, por exemplo, aos errores de Ulisses (*Od.* 12. 73-126, 222-259). Esta mesma metáfora de Caríbdis, aplicada a um homem voraz, surge com frequência no iambo e na comédia: cf. Hippon. 85. 1; Cratin. fr. 428K.-A.

([53]) Cf. *supra* nota 29. Para estas palavras de sentido obscuro têm-se tentado diversas explicações (cf. R. A. Neil, *The Knights of Aristophanes*, 39 sqq.); que Êucrates fugia para gozar as vantagens de uma fortuna ganha como moleiro; ou que escapou a uma condenação por suborno pago em cereal; ou que se escondia entre os sacos de farinha até poder fugir a uma perseguição. Pode ainda sugerir-se um paralelo com uma outra expressão proverbial, ὄνος εἰς ἄχυρα 'burro no palheiro' (*V.* 1310; Philem. fr. 158K.-A.), que contém a ideia de um prazer inesperado. Em resumo, Aristófanes parece querer dizer que Êucrates havia tido momentos críticos na sua carreira política, para os quais sempre tinha encontrado uma saída airosa. Coulon (*Les Cavaliers*, 91) e Ehrenberg, *The people of Aristophanes* (Oxford ²1951) 120, entendem, de um modo talvez mais aceitável, que Êucrates, quando o afligia qualquer desaire político, se refugiava no seu comércio habitual de farinhas.

([54]) A fratria era um núcleo social e religioso, que associava famílias com um antepassado comum. Novos são os elos que ligam Cléon aos seus fratres – o interesse e o lucro. Sobre o trióbolo, cf. *supra* nota 14. Com sobranceria, Cléon refere o seu papel em relação aos juízes com o verbo βόσκειν 'sustentar', usado sobretudo para animais e, neste caso, pejorativamente para os seus partidários. Alimentar os juízes é, para o político, desencadear processos e confiscações, a fim de lhes assegurar o trabalho e o lucro.

([55]) Como é sabido, as magistraturas atenienses eram atribuídas por sorteio (cf. G. Glotz, *La cité grecque* (Paris 1968) 219-224). A acusação de que os magistrados se apropriavam dos bens do Estado é um lugar-comum na comédia (cf. *V.* 554, 894 sqq., *Th.* 811 sq.). No entanto, Cléon ultrapassa todos os limites, porque aproveita as vantagens das magistraturas, ainda mesmo antes de ter sido designado pela sorte para ocupar determinado lugar.

([56]) No momento da cessação de funções, todo o magistrado ateniense devia apre-

maldade, tímido nos negócios. Porque se sabes de algum que seja inexperiente e bronco, manda-lo vir do Quersoneso, deitas-lhe as unhas, passas-lhe uma rasteira, torces-lhe o costado, e pões o tipo K. O ([57]).

PAFLAGÓNIO

Com que então vocês também a saltarem-me em cima? De mim, meus senhores, que estou a apanhar por vossa causa, só porque ia propor que é justo erigir, na Acrópole, um monumento à vossa valentia ([58])?!

CORO

Parlapatão o fulaninho, hã?!! Aquilo é que ele tem cá uma ronha! E para dar graxa é só com ele, estás a ver? Vem para cá com pantomimices, nem que fôssemos uns caquécticos. Bem, se ele se atrever a avançar, assim, vai ver se não leva, assim. E se tentar escapar por este lado, há-de ferrar com os cornos aqui na

---

sentar um relatório circunstanciado das suas actividades durante o período de exercício, que era submetido a uma auditoria, da competência de uma comissão sorteada para o efeito. Caso esta surpreendesse alguma ilegalidade, remetia o caso para os tribunais, devendo o ex-magistrado responder com os seus bens por qualquer dano causado à cidade. Naturalmente que um processo como este se prestava à denúncia fraudulenta e ao suborno. Para um informação mais completa sobre o assunto, cf. G. Glotz, *La cité grecque*, 235-240.

A metáfora escolhida por Aristófanes para designar a pressão exercida por Cléon sobre os magistrados, no momento da prestação de contas, é habilmente delineada. O verbo ἀποσυχάζω sugere imediatamente ao anfiteatro a tenebrosa συχοφαντία 'delação', com que a sociedade ateniense sofria profundamente e na qual o demagogo tinha larga participação. O que pretende Cléon ao testar os magistrados, quais figos mais ou menos sumarentos? 'Espremer' deles alguns lucros, em troca do seu silêncio.

([57]) Depois de tratar os magistrados como figos, de que muito sumo há a recolher, Aristófanes passa para o cidadão comum, também o grande vencido na luta desigual com os delatores e oportunistas. Ricos, desprevenidos e ignorantes das tricas políticas (ἀπράγμον'), estas são as vítimas preferidas do demagogo. Não é muito compreensível a referência ao Quersoneso, que pode mesmo ser uma alusão a qualquer caso real, para nós inteiramente desconhecido. A vítima poderia ter sido, por exemplo, um oficial ateniense em serviço na zona, ou um outro ateniense de posição, cujos negócios o obrigavam a permanecer lá.

([58]) A comédia ridiculariza, como uma pecha da democracia, este tipo de decretos honoríficos com que se procurava obter o favor de pessoas ou grupos de projecção social. O Paflagónio sugere, além disso, que os Cavaleiros tinham caído em desgraça, já que uma proposta que os honra traz dissabores ao seu autor. Possivelmente

minha perna. *(O Coro toma posições para evitar qualquer hipótese de fuga do Paflagónio.)*

PAFLAGÓNIO

Ó cidade! Ó povo! São como feras à murraça ao meu bandulho.

SALSICHEIRO

E tu ainda berras, como quando viras a cidade do avesso?!

PAFLAGÓNIO

Pois bem, é com esta gritaria, que estás a ouvir, que eu vou correr contigo. E é para já!

275

CORO *(ao Paflagónio)*

Se conseguires batê-lo em berraria, os meus parabéns. Mas se ele te passar a perna em descaramento, a vitória é nossa ([59]).

PAFLAGÓNIO *(a apontar para o Salsicheiro)*

Este fulano aqui, quero denunciá-lo: posso garantir que ele exporta, para as trirremes do Peloponeso, ... caldo de carne ([60]).

---

há nas palavras de Cléon uma referência à expedição a Corinto, em 425, em que um punhado de Atenienses, infantes e cavaleiros, sob o comando de Nícias, havia derrotado os Coríntios. A acção da cavalaria foi decisiva para o desfecho favorável da campanha (cf. Th. 4. 42-45). O mesmo facto é referido adiante nos vv. 595-610. Cf. *The Cambridge Ancient History*, V, 237.

([59]) O texto exemplifica duas expressões correntes para exprimir o sucesso: τήνελλα 'hurra!' (cf. *Ach.* 1227). A segunda refere o πυραμοῦς, um bolo que galardoava o vencedor do cótabo (*EM* 533. 21-22), o melhor dançarino (Plu. *Moralia* 747a), ou o conviva que aguentasse acordado uma noite inteira de simpósio (Call. fr. 227. 5-7 Pfeiffer). Tornou-se depois o símbolo da vitória, em geral (cf. Ar. *Th.* 94).

([60]) Cléon inicia uma demonstração de συχοφαντία, com esta sua ἔνδειξις 'delação', a que dá uma expressão verdadeiramente técnica (cf. And. 2. 14). A ἔνδειξις usava-se, em geral, contra quem se arrogava direitos que legalmente lhe

SALSICHEIRO

280   Cum raio! Pois eu acuso esse gajo de correr para o Pritaneu com a barriga a dar horas, e de sair de lá com ela a abarrotar [61].

DEMÓSTENES

Ah caramba! E de trazer cá para fora comida de contrabando, pão, carne, peixe – coisa de que nem mesmo Péricles se podia gabar [62].

PAFLAGÓNIO

Vocês os dois, vou acabar convosco, e é para já.

SALSICHEIRO

285   E eu vou berrar três vezes mais que tu.

PAFLAGÓNIO

E eu abafo os teus gritos com os meus.

SALSICHEIRO

E eu os teus guinchos com os meus.

PAFLAGÓNIO

Hei-de difamar-te, quando fores general.

---

estavam vedados (cf. G. Glotz, *La cité grecque*, 211, 247 sq.), mas abrangia também, nestes anos de guerra, quem negociasse com o inimigo. De entre os produtos cuja transacção era proibida, contavam-se alimentos e materiais de construção naval, de que Atenas estava particularmente carenciada. Cléon acusa o Salsicheiro de vender aos navios inimigos, não as esperadas cordas (ὑποζώματα), mas algo mais de acordo com o seu próprio negócio, caldo de carne (ζωμεύματα).

[61] Cf. *supra* nota 37. Noutros passos desta comédia, Cléon é, tal como aqui, acusado de beneficiar das regalias do Pritaneu, sem a elas ter direito: vv. 709, 766, 1404 sq.

[62] O texto parece afirmar que Cléon usava e abusava do direito do Pritaneu, de um modo que nem mesmo a uma figura ilustre como Péricles jamais fora concedido (cf. vv. 573 sq.). Além de beneficiar da σίτησις, o demagogo aproveitava para se regalar com lautos banquetes, dos quais recolhia ainda os sobejos, para trazer clandestinamente para casa.

SALSICHEIRO

Moo-te o lombo de pancada que nem um cão.

PAFLAGÓNIO

Hei-de fazer-te o cerco com imposturices.   290

SALSICHEIRO

E eu corto-te a retirada.

PAFLAGÓNIO *(que o fixa de perto, cara a cara)*

Olha-me de frente, sem pestanejar.

SALSICHEIRO *(que lhe aguenta o olhar)*

Foi no mercado que também eu me criei.

PAFLAGÓNIO

Parto-te às postas, se dás um pio.

SALSICHEIRO

E eu cubro-te de merda, se abres o bico.   295

PAFLAGÓNIO

Confesso que sou um ladrão. Tu, nem por sombras!

SALSICHEIRO

Ora essa! Valha-me Hermes Agoreu ([63])! E mais, nego a pés
juntos, quando me apanham com a boca na botija.

([63]) Hermes Agoreu, a divindade protectora do mercado, era homenageado por uma
estátua de bronze, colocada em plena ágora de Atenas. Dadas as suas atribuições, o
deus acumulava vários epítetos Ἐμπολαῖος (*Ach.* 816, *Pl.* 1155) 'deus do comércio', Δόλιος (*Th.* 1202, *Pl.* 1157) 'deus dos negócios ilícitos'.

PAFLAGÓNIO

300   Pura imitação, essa tua habilidade! Pois vou-te denunciar aos prítanes por guardares, sem pagar a dízima, as tripas consagradas aos deuses ([64]).

CORO

305   Ah patife! Grulha malvado! Lata tens tu que chegue para atulhar a terra inteira, a assembleia de fio a pavio, os impostos, os processos, os tribunais. Para remexer na lama, estás por aí três
310   vezes! A nossa cidade, de uma ponta à outra, puseste-a num rebuliço, ensurdeceste a nossa Atenas à força de berros; e vá de espiares, do alto dos rochedos, os tributos, como quem espreita atuns ([65]).

PAFLAGÓNIO

De que coiros se anda a curtir esta tramóia, já eu sei há muito tempo.

SALSICHEIRO

315   Ou não soubesses tu de coiros como eu sei de chouriços! Um tipo como tu, que esfanicava o coiro de um reles de um boi, de modo a parecer grosso, e o vendia aos camponeses – uma

---

([64]) Cléon inicia outro tipo de delação, a chamada φάσις. Tratava-se de uma denúncia que visava sobretudo infracções fiscais ou comerciais, e que garantia ao delator metade da multa aplicada (cf. G. Glotz, *La cité grecque*, 211, 243). Cléon acusa o Salsicheiro de ter em sua posse tripas provenientes de um saque de guerra, que pagavam ao Estado um décimo destinado a Atena, e um outro imposto de dois por cento para os deuses (cf. Lys. 20. 24; D. 24. 120, 128). Esta devia ser uma denúncia com que os Atenienses estavam muito familiarizados.
Os prítanes, em número de cinquenta, constituíam uma comissão permanente dentro do Conselho, que exercia funções durante um décimo do ano, em representação de cada uma das dez tribos. Dentro das suas atribuições estava a de agir nos delitos contra os interesses da cidade (cf. Ar. *Th.* 654, 923, 929 sqq.). Para uma informação mais completa, cf. Glotz, *op. cit.*, 198-200.
([65]) Sobre a Pnix, Cléon espiava ao longe o mar Egeu, semeado de ilhas, tributárias de Atenas. Ao menor sinal de 'peixe', o demagogo e seus sequazes lançavam as redes e 'pescavam' em seu próprio benefício. Aristófanes utiliza neste passo uma metáfora da linguagem da pesca, actividade tão grata ao homem mediterrânico.

trafulhice pegada! Ainda nem há um dia o traziam nos pés, e já ele tinha dado de si uns bons dois palmos.

DEMÓSTENES

Ah caramba! A mim também ele enfiou esse barrete. De tal maneira que ainda servi de bobo à gente lá da terra e aos amigos: antes mesmo de chegar a Pérgaso ([66]), já eu nadava dentro dos sapatos.   320

CORO

A verdade é que, desde sempre, mostraste aquela desfaçatez que é a única salvaguarda dos oradores. Foi ou não foi? É nela que, posto à cabeça da cidade, fazes pé, para chupares os estrangeiros chorudos ([67]). E entretanto o filho do Hipódamo fica numa consumição perante esse espectáculo ([68]). Mas apareceu um outro tipo, mais canalha do que tu, e de longe – para minha grande satisfação –, que te há-de derrubar e passar a perna – quanto a isso não há dúvidas – em safadeza, descaramento e trafulhice. *(Ao Salsicheiro.)* Vamos, tu que te criaste na escola de onde saem os grandes homens de hoje em dia, é altura de mostrares que de nada vale uma boa educação.   325   330

([66]) Pérgaso era um *demos* da Ática, bastante próximo de Atenas. O percurso a que tais sapatos podiam resistir era, portanto, muito curto.

([67]) Os estrangeiros são os membros das cidades aliadas de Atenas, a quem o Paflagónio procura por todos os meios extorquir dinheiro (cf. v. 1408; *Pax* 639 sq., *Av.* 1452-1460). Aristófanes empreendeu a defesa desses aliados, de modo especialmente polémico, em *Babilónios*, uma peça perdida, apresentada em 426, que lhe valeu a perseguição oficial por parte do demagogo (cf. *Ach.* 502 sq.).

([68]) Hipódamo é mencionado por Aristóteles (*Pol.* 1267b 22-30) pelo seu saber profundo e multifacetado. O seu nome ficou particularmente ligado a arquitectura e urbanismo; pelos comprovados méritos neste campo, este milésio mereceu as honras da cidadania ateniense, juntamente com seu filho Arqueptólemo. A respeito da actividade política deste último, Aristófanes fornece duas menções elogiosas, o que merece ser registado, pela sua raridade, dentro do tom cómico habitual no tratamento das figuras públicas. Neste passo deparamos com um Arqueptólemo preocupado com a política opressora de Atenas sobre os aliados, e no v. 794 como um diligente negociador da paz com Esparta. Estas duas posições bastam para colocar o filho de Hipódamo no campo oposto ao de Cléon. Em 411, encontramo-lo à frente do movimento oligárquico dos Quatrocentos e ocupado numa embaixada,

SALSICHEIRO

335 Pois bem, oiçam então que tipo de cidadão é este que aqui está na vossa frente.

PAFLAGÓNIO

Ora dás-me licença?

SALSICHEIRO

Nem pensar nisso, porque malvado também eu sou que chegue.

DEMÓSTENES

Se ele não aceitar esse argumento, acrescenta: 'E filho de malvados'.

PAFLAGÓNIO

Mas dás-me licença?

SALSICHEIRO

Não, caramba!

PAFLAGÓNIO

Sim, caramba!

SALSICHEIRO

Macacos me mordam, se eu não der tudo por tudo para ser o primeiro a falar!

---

encarregada de negociar a paz com o inimigo lacedemónio. O desempenho desta missão havia de terminar com um desfecho desastroso para a carreira pública e vida privada deste homem: com a queda do regime oligárquico, Arqueptólemo foi acusado de traição e punido com o máximo rigor: pena de morte, confiscação de bens, demolição da casa e recusa de direitos civis aos descendentes (cf. Plu. *Moralia* 833e-834b).

PAFLAGÓNIO

Ora uma destas! Estou tramado! 340

SALSICHEIRO

Isso era preciso que eu deixasse!

DEMÓSTENES

Deixa-o lá, cos diabos! Deixa-o lá tramar-se à vontade!

PAFLAGÓNIO

Mas afinal o que te dá tanta certeza de estares à altura de discutir comigo?

SALSICHEIRO

É que, para discutir, sou tão mestre como tu. E, para armar um estrugido, também ([69]).

PAFLAGÓNIO

Ora vejam lá, discutir! Pois muito bem: se te viesse parar às mãos um caso em cru, partido às postas, talvez ainda lhe pudesses dar as voltas a preceito. Mas sabes qual é o teu mal, cá na minha opinião? O mesmo de muita gente. Lá porque te tenhas saído bem de um processozinho, desses de trazer por casa, contra um meteco – depois de andares uma noite inteira a mastigá--lo, de o resmungares pela rua fora com os teus botões, de beberes umas goladas de água ([70]), de fazeres um ensaio, de massacrares os amigos – já pensas que tens veia de orador. Puro engano! Patetice tua! 345 350

([69]) Καρυχχοποιεῖν é um termo culinário, 'preparar molhos suculentos', que ocorre, com valor metafórico, como 'provocar sarilhos, armar confusões' (cf. Hsch. s. v. χαρυχάζειν). Para o mesmo tipo de metáfora, cf. v. 214. Em português, o 'estrugido' cobre a mesma acumulação de sentidos.

([70]) Sobre o hábito de os oradores beberem água, como parte da sua preparação, cf. D. 6. 30, 19. 46.

SALSICHEIRO

E tu? Que bebes tu, para teres posto esta cidade no estado em que está agora? Como é que és capaz – só tu e mais ninguém – de a meter nas encolhas, à força de língua?

PAFLAGÓNIO

Quer dizer então que descobriste um adversário à minha altura?! Pois aqui onde me vês, mesmo depois de tragar umas postas de atum bem quentinhas, e de lhe entornar em cima uma caneca do genuíno, ainda fico capaz de arrombar com os generais de Pilos ([71]).

SALSICHEIRO

E então eu?! Depois de engolir um bucho de boi e umas tripas de porco e de lhes entornar em cima o molhinho, arranco dali, mesmo sem lavar as mãos, pronto para esganar os oradores e ... baralhar o Nícias ([72]).

DEMÓSTENES *(ao Salsicheiro)*

Tudo o mais que disseste é do meu inteiro agrado. Há só uma coisa que não me entra nessa história: é que embales sozinho o tal molho.

PAFLAGÓNIO

Não é por teres tragado as percas que atrapalhas Mileto ([73]).

([71]) À abstinência que a aprendizagem da oratória, com todo o nervosismo da circunstância, impõe a qualquer iniciado (cf. vv. 348 sq.), Cleón opõe a sua perícia consumada, que, mesmo depois de uma refeição ciclópica, o deixa capaz de 'arrombar' (a metáfora é sexual) até mesmo com ... os estrategos de Pilos.

([72]) O Salsicheiro responde com uma fanfarronice à altura da do adversário. Depois de uma refeição não menos suculenta do que a anterior, mas mais conforme aos gostos de um carniceiro, o nosso herói fica pronto para o ataque oratório. Sem mesmo perder tempo a lavar as mãos, o que constituía um hábito para os Atenienses após a refeição (cf. Ar. *V.* 1217), lança-se ao ataque do inimigo, capaz de arrumar com os oradores e com Nícias, como Cléon fizera no caso de Pilos. Cf. Introdução, pp. 7-8.

([73]) Arquéstrato (fr. 45. 1-9) testemunha a excelência das percas pescadas em Mileto. O sentido do verso é obscuro. R. A. Neil, *Knights*, 57, lembra que Mileto era velha

SALSICHEIRO

E quando me empanturrar de costeletas, meto-me a comprar minas ([74]).

PAFLAGÓNIO

E eu caio de rajada em cima do Conselho e viro-o de cangalhas.

SALSICHEIRO

E eu moo-te esse cu que nem uma morcela!

PAFLAGÓNIO

E eu arrasto-te lá para fora pelos fundilhos, de cabeça para baixo.   365

DEMÓSTENES

Então, cos diabos, se o arrastares a ele, arrasta-me também a mim.

---

aliada de Atenas, e também praticante do regime democrático. Havia, no entanto, na sua política interna, uma facção oligárquica activa, de que resultavam lutas partidárias profundas. Neil aventa que talvez λάβραχες fosse uma alcunha dos oligarcas, hipótese não fundamentada e que não parece integrar-se no contexto. Por seu lado, Sommerstein, *Knights*, 163, sugere uma alusão a qualquer suborno que Cléon tivesse recebido dos Milésios, sem lhes prestar o serviço solicitado (cf. vv. 930--940). T. A. Dorey, 'Aristophanes and Cleon', *G&R* 2nd series (1956) 135, associa esta alusão com uma actualização de tributos, que poderia ter sido feita em tempos recentes, e uma tentativa, por parte dos Milésios, no sentido de não serem demasiado onerados.

([74]) A exploração das minas de prata do Láurion, propriedade do Estado ateniense, era feita com base no investimento privado: cada interessado pagava ao Estado uma quota, naturalmente elevada para as explorações mais rentáveis. Além da taxa paga ao Estado, esses investidores tinham de obter a mão-de-obra, o que pressupunha uma soma elevada de capital a dispender. Logo a exploração de minas era um investimento para cidadãos de posses.

PAFLAGÓNIO

Macacos me mordam, se te não ponho na canga ([75])!

SALSICHEIRO

Vou-te acusar de cobardia ([76]).

PAFLAGÓNIO

Esse teu coiro ainda há-de levar uma boa esticadela ([77]).

SALSICHEIRO

370   E o teu, arranco-to e faço um saco ... para a roubalheira.

PAFLAGÓNIO

Prego-te ao chão, escanchado de pés e mãos ([78]).

SALSICHEIRO

Pois eu faço-te em picado.

PAFLAGÓNIO

Essas pestanas, vou-te a elas e arranco-tas.

SALSICHEIRO

E esse teu papo, ainda to estripo.

([75]) Cf. vv. 394. 1049. Trata-se de um instrumento de suplício com cinco aberturas para meter a cabeça, mãos e pés.

([76]) Sommerstein. *op. cit.*, 163, entende δειλία como um termo genérico para definir actos militares puníveis com ἀτιμία, possivelmente não abrangidos nas três rubricas legalmente definidas de fugir ao serviço militar, desertar e abandonar o escudo (cf. And. 1. 74; Lys. 14. 7; Aeschin. 3. 175). Para todas estas infracções a pena estabelecida era a perda dos direitos civis (And. 1. 74; D. 15. 32).

([77]) O Paflagónio usa uma linguagem adequada ao seu ofício de curtidor: βύρσα 'coiro', só pejorativamente aplicável à pele humana, e θρανεύω 'esticar na mesa do curtidor', de θρᾶνος 'a banca' onde esse trabalho era executado.

([78]) Tal como pele espalmada para secar.

DEMÓSTENES

Ah caramba! Mete-se-lhe uma escora na boca, como fazem os   375
magarefes, puxa-se-lhe a língua cá para fora, e enquanto o tipo
está escancarado, nós examinamos-lhe – tintim por tintim – ... o   380
rabo, não vá que tenha gafeira ([79]).

CORO

Não há dúvida, há coisas mais quentes do que o fogo e
palavreado mais sem-vergonha ainda do que as arengas sem-ver-   385
gonha que ouvimos nesta cidade. O caso não era assim tão cor-
riqueiro nem tão banal como isso. Vamos, atira-te a ele, fá-lo
girar, não o poupes. O tipo está apanhado. E se o amorteces na
primeira estocada, hás-de ver que ele não passa de um cobarde.   390
Quem o fulano é, conheço eu de ginjeira.

SALSICHEIRO

O certo é que, apesar de ter sido assim a vida inteira, sempre
se fez passar por um homem a valer, colhendo fruto em seara
alheia ([80]). Ainda agora, essas espigas que trouxe de lá, amarrou-
-as na canga, pô-las a secar e quer vendê-las ([81]).

PAFLAGÓNIO

Não pensem vocês que me metem medo, enquanto for vivo o   395
Conselho e o povo se reunir na assembleia, com aquela cara de tanso.

([79]) O escravo aconselha, para o Paflagónio, o tratamento que se costumava dar ao
porco antes da matança. Para se assegurarem de que o animal estava em perfeito
estado de saúde para ser consumido, os magarefes examinavam-lhe previamente a
parte inferior da língua. procurando nela sinais de qualquer doença. Para condi-
mentar este gracejo, o texto substitui, à esperada 'goela', 'o rabo', numa alusão aos
maus costumes do Paflagónio.

([80]) Alusão ao caso de Pilos. Cf. vv. 54-57 e Introdução, pp. 7-8.

([81]) Sempre com recurso à metáfora agrícola, são agora referidos os prisioneiros de
Pilos, quais espigas amarradas, a secarem ... à fome, numa prisão, até que alguém,
interessado na sua libertação, apareça a pagar o resgate. Sobre estes prisioneiros,
cf. *Pax* 479. Mais adiante (*Eq.* 467-469), ocorre uma referência semelhante aos
negócios clandestinos entre Cléon e Esparta a respeito destes prisioneiros, que o
político procuraria repatriar em troca de uma soma substancial, que reverteria exclu-
sivamente em benefício do próprio.

CORO

400 Isto é que o fulano é de topete! Ainda está para ser a primeira vez que ele mude de cor. Se não é ódio o que sinto por ti, seja eu cobertor em casa de Cratino ([82]), ou tenha de aprender um canto numa tragédia de Mórsimo ([83])! Tu que sempre e em toda a parte pousas na flor da corrupção, oxalá tão facilmente como te veio parar às mãos, deitasses cá para fora o pedaço que abocanhaste.
405 E então a minha canção havia de ser esta e mais nenhuma: 'É beber, é beber ao feliz sucesso!' ([84]) E o filho do Úlio, estou a vê-lo, esse velho coca-milhos, com a alegria, havia de gritar 'ié péan!' e cantar 'Ó Baco! Ó Baco!' ([85])

PAFLAGÓNIO

Não julguem que me passam a perna em desfaçatez – é o pas-
410 sas! –, ou não tome eu parte nunca mais nas tripas de Zeus Agoreu ([86])!

([82]) O escoliasta explica que Cratino, um dos mais notáveis rivais de Aristófanes, quando tomado de embriaguez, urinava na cama. *Vide infra* nota 107.

([83]) Mórsimo, juntamente com seu irmão Melântio, havia continuado a tradição literária da família de Ésquilo; do seu glorioso tio, herdara Mórsimo o cultivo da tragédia, através de seu pai, Fílocles. No entanto, nestas duas novas gerações, a tragédia encontrava de Ésquilo apenas o sangue, que não a marca do talento. Frequentemente eliminado dos concursos dramáticos, no dia em que obteve, enfim, um coro, Mórsimo fez a tortura dos coreutas com o timbre inarmónico dos seus cantos (*Pax* 801-817). De uma *Medeia* que apresentou, de colaboração com o irmão, reservou o público a memória de uma monódia dolorosa e estridente (*Pax* 1009-1014). Para os seus admiradores existem (supremo castigo!) as penas infernais (*Ra*. 151).

([84]) Estas palavras são a abertura de um canto de vitória da autoria de Simónides (fr. 7 Page). De notar que συμφορά tem, ainda neste passo, um sabor neutro de 'acontecimento', bom ou mau. A época clássica havia de fixá-la no mau sentido, como 'desgraça'.

([85]) 'O filho de Úlio', que é já a correcção da versão Júlio dos manuscritos, põe-nos dificuldades insolúveis de identificação. Sommerstein, *Knights*, 165, dá alguns exemplos da ocorrência deste nome entre os Atenienses. Em πυροπίπην, o mesmo autor vê um coloquialismo de baixo nível para σιτοφύλαξ, designação dos dez magistrados, encarregados da fiscalização do comércio de cereais e de alimentos daí derivados (Arist. *Ath. Pol*. 51. 3). Também esta personagem, quem sabe se vítima de qualquer perseguição do demagogo, ergue a Apolo e Dioniso o seu canto de alegria, ao ver ultrapassado o perigo.

([86]) Zeus Agoreu, ou senhor da ágora, era o deus que presidia à assembleia, que se realizava nesse local, e naturalmente a divindade que protegia os oradores que aí se faziam ouvir. Eram em sua homenagem os sacrifícios de animais, que tinham lugar antes do início de cada sessão. 'Tomar parte nas tripas de Zeus Agoreu' equivale a dizer 'tomar parte na assembleia, na ágora', ou ainda, 'usar da palavra na assembleia'.

SALSICHEIRO

Pelo que me diz respeito, foram tantos ou tão poucos os socos
que apanhei desde criança, tantas as facadas, que estou certo de
te vencer nesse ponto; ou teria sido debalde que, criado a bolinhas de pão, me tornei neste latagão que aqui vês ([87]).

PAFLAGÓNIO

A bolinhas de pão, como um rafeiro? Pobre coitado! Como é   415
que tu, que foste criado com comida de cão, podes fazer frente a
um maca...cão ([88])?

SALSICHEIRO

Coa breca! Trunfos de manga não me faltam, desde os tempos de menino. Já então eu fintava os cozinheiros com esta conversa: 'Olhem, rapazes! Estão a ver? Vem aí a primavera: uma
andorinha!' Eles punham-se a olhar e eu – zás! – deitava a unha   420
a um naco de carne.

DEMÓSTENES

Sabido o fulaninho, hem! Bom golpe de vista o teu! À laia de
quem come ortigas, antes que chegassem as andorinhas ([89]), já tu
andavas no rapinanço.

SALSICHEIRO

E fazia-o sem dar nas vistas. Mas se algum deles dava por ela,
eu escondia o furto no rabo, e negava a pés juntos. A ponto que   425
um tipo qualquer, um desses políticos que por aí andam, quando

---

([87]) Pequenas bolas de pão eram usadas pelos convivas, durante os banquetes, para
limparem as mãos, e depois lançadas aos cães (cf. Ath. 149c).
([88]) O χυνοχέφαλος era uma variedade de símio, conhecida pela corpulência e
ferocidade (cf. Arist. *HA* 502a 19-23; Plin. *H. N.* 8. 216). Note-se que o texto grego
proporciona um jogo de palavras a partir do nome de dois animais: χυνὸς ...
χυνοχεφάλῳ.
([89]) As ortigas ainda tenras eram consumidas como alimento e reconhecido o seu
valor medicinal (cf. Ath. 90a). No entanto, deviam ser colhidas na altura própria, ou
seja, no início da primavera, 'antes que chegassem as andorinhas'.

me viu naquela manobra, se saiu com esta: 'Não há dúvida, este rapaz está talhado para governar o povo'.

DEMÓSTENES

Pois acertou em cheio. E está-se mesmo a ver como é que ele chegou a essa conclusão: se tu juravas falso depois de roubares e tinhas ... a coisa metida no rabo ([90])!

PAFLAGÓNIO *(ao Salsicheiro)*

Deixa estar que eu meto-te nas encolhas, *(Volta-se também para Demóstenes.)* ou antes, a vocês os dois! *(Ao Salsicheiro.)*
430 Arranco para ti a todo o pano, caio-te em cima como um furacão, pronto a virar terra e mar do avesso.

SALSICHEIRO

E eu recolho as ... salsichas e deixo-me ir na onda ([91]). E tu, um raio que te parta!

DEMÓSTENES

Quanto a mim, se há um rombo, toca-me a guarda ao porão.

PAFLAGÓNIO

435 Ah não, caramba! Não te safas, depois de teres roubado tanta massinha aos Atenienses.

DEMÓSTENES
(como quem dá ordens à tripulação de um navio)

Cuidado, solta a escota, que já sopra um ventinho soão ... e de delação ([92]).

([90]) O escólio apoia a hipótese de haver neste passo um gracejo de carácter sexual, como se os maus costumes fossem 'uma das virtudes' dos políticos. Cf. Sommerstein, *op. cit.*, 166.
([91]) Enquanto o Paflagónio investe como um furacão, o Salsicheiro actua como o marinheiro prudente, que recolhe as velas para evitar ventos furiosos. Todo o passo é constituído com base em metáforas náuticas.
([92]) O vento soão, do quadrante N.E., era conhecido como amontoador de nuvens e responsável por tempestades. A palavra que o designa, χαιχίας, apresenta a

SALSICHEIRO

E tu, de Potideia, arrebanhaste – julgas que eu não sei? – dez talentos ([93]).

PAFLAGÓNIO

Que história é essa? Quererás tu apanhar um desses talentos para ficares calado?

DEMÓSTENES

Esse fulaninho aí, bem que o aceitava com ambas as mãos. *(De novo a uma tripulação imaginária.)* Solta as cordas. O vento está a amainar.

440

PAFLAGÓNIO *(ao Salsicheiro)*

Hás-de apanhar com quatro processos, de cem talentos cada um.

SALSICHEIRO

E tu com vinte por deserção, e então por roubo, mil é pouco!

PAFLAGÓNIO

Pois eu declaro que tu pertences a essa cambada de crimi-nosos que ofenderam a deusa ([94]).

445

---

terminação –ίας, comum nos nomes dos ventos. Com ela forma homeoteleuto o nome de um novo ciclone, συχοφαντίας 'a delação'.

([93]) Potideia situava-se na península de Cálcis e havia sido tomada no ano de 429 (cf. Th. 2. 70); desde então constituía um importante ponto estratégico dos Atenienses, na guerra do Peloponeso. Esta acusação dirigida contra Cléon, após cinco anos sobre a tomada de Potideia, parece descabida e não se sabe bem dentro de que parâmetros possa ser entendida. Para a consideração das várias hipóteses, cf. Sommerstein, *op. cit.*, 166 sqq.

([94]) O Paflagónio refere agora um acontecimento já remoto na história de Atenas (612 a. C.). Quando de uma tentativa de golpe político empreendida por Cílon e seus sequazes, um punhado de aristocratas, entre os quais elementos da prestigiada

SALSICHEIRO

E eu declaro que o teu avô foi um desses lanceiros ...

PAFLAGÓNIO

De quais? Ora diz lá!

SALSICHEIRO

Dos da Coir...ina, a mulher do Hípias ([95]).

PAFLAGÓNIO

450 És um trapaceiro.

SALSICHEIRO

E tu um malvado.

DEMÓSTENES

Chega-lhe! Força! *(O Salsicheiro atira-se ao adversário, logo seguido de Demóstenes.)*

PAFLAGÓNIO

Ai, ai! Estão-me a cascar. São conspiradores.

---

família dos Alcmeónidas, tinha trucidado os revoltosos, apesar de estes se terem refugiado no altar de Atena (Hdt. 5. 71; Th. 1. 126). Sobre as famílias envolvidas neste caso e seus descendentes foi lançada uma maldição por impiedade. Sem dúvida que a acusação dirigida contra o Paflagónio neste momento não tem qualquer cabimento, na medida em que o nosso 'homem dos curtumes' não tinha vínculo de sangue com essa velha aristocracia ateniense.

([95]) Os lanceiros constituíam o corpo de guarda dos tiranos (cf. A. *Ch.* 769; Th. 6. 57); que o fossem também das suas mulheres é já um exagero cómico que, de resto, neste passo concreto, leva a um bom trocadilho de palavras. Em vez de Mírrina, o verdadeiro nome da mulher de Hípias, o poeta substitui-lhe Coir ... ina, para lembrar o negócio dos curtumes de Cléon.

DEMÓSTENES

Chega-lhe! Força! Mais! Manda-lhe um soco no bandulho! Agarra nas tripas e nos enchidos e dá-me uma ensinadela nesse fulano. 455

CORO *(para o Salsicheiro)*

Ah homem de fêvera! Coração entre todos valente! Apareceste como a salvação para a cidade e para nós, cidadãos. Com que arte, com que finura enrolaste o tipo no fraseado! Não 460 há elogios capazes de traduzir a alegria que nos vai na alma.

PAFLAGÓNIO *(um pouco recomposto da sova que levara)*

Toda essa história – cum raio! – já não é segredo para mim. As tramóias que vocês andaram a montar, conheço-as eu com todas as cavilhas e junturas.

SALSICHEIRO

E o que tu tens andado a fazer por Argos ([96]), também há 465 muito que deixou de ser segredo para mim. *(Para os especta-dores.)* Vem com a cantiga de que nos anda a cativar a amizade dos Argivos, mas é por sua conta que lá se encontra com os Lacedemónios.

DEMÓSTENES *(ao Salsicheiro)*

Ora esta! Então tu não arranjas uma à carpinteiro para lhe responder?

SALSICHEIRO

E está-se a caldear uma, ou pensas que eu não sei? Tem a ver com os prisioneiros ([97]) o que anda na forja.

([96]) Argos era uma cidade de ancestral prestígio e poder. Apesar da sua inimizade tradicional com Esparta, havia feito com ela um pacto de não-agressão por trinta anos, que devia acabar em 421, próximo portanto da data de *Cavaleiros* (cf. Th. 5. 14. 4, 28. 2). Não admira, assim, que os políticos atenienses acalentassem intimamente a ideia de uma eventual aliança com Argos.
([97]) Cf. *supra* nota 81.

DEMÓSTENES

470   Bravo! Bravo! Manda-lhe com a forja contra as junturas dele.

SALSICHEIRO

E há por lá ([98]) muito menino que bate o ferro a compasso contigo. Mas uma coisa dessas, mesmo que me desses prata ou ouro, ou me mandasses os amigos de medianeiros, nunca me havias de convencer a escondê-la dos Atenienses.

PAFLAGÓNIO

475   Pois bem, cá por mim vou já direitinho ao Conselho para denunciar as conspirações em que vocês todos andam metidos, essas reuniõezinhas na cidade, pela calada da noite, todos os vossos pactos com os Persas e com o Grande Rei, e o queijinho que andam a fermentar com os Beócios ([99]).

SALSICHEIRO *(fazendo-se desentendido)*

480   Quanto custa o queijo lá na Beócia?

PAFLAGÓNIO

Diabos me levem, se te não estendo ao comprido! *(Sai.)*

([98]) Em Esparta.

([99]) Cléon propõe-se fazer uma denúncia de traição perante o Conselho. Note-se, nesta fala, a acumulação de palavras com o prefixo ξυν-, que ajudam a criar a atmosfera de pacto secreto, não apenas com os inimigos ancestrais, mas dentro da própria cidade. A antipatia e o receio dos Persas eram um sentimento tão enraizado entre os Atenienses, que qualquer suspeita no sentido de um pacto podia levantar facilmente as iras populares. Todo aquele que entrasse em negociações com os Persas era amaldiçoado nas reuniões da Assembleia, como inimigo público: cf. *Pax* 108, *Th.* 337; Isoc. 4. 157.

O 'queijinho a fermentar' é uma metáfora para traduzir um processo lento, alguma coisa que vai aos poucos tomando forma. Neste mesmo ano de 424, Demóstenes e Hipócrates desenvolviam na Beócia, junto dos elementos do partido democrático, uma campanha, na esperança de conseguirem que um movimento político trouxesse as cidades da Beócia para o lado ateniense na guerra do Peloponeso (Th. 4. 76. 1-3). Tal actividade podia facilmente incorrer na acusação de traição, por parte de inimigos políticos.

DEMÓSTENES *(ao Salsicheiro)*

Ora bem, o caco e o bom-senso que tens é agora altura de o pores à prova, se é verdadeira essa história que contaste da carne que escondeste no rabo. Vamos, mexe-te, corre à sala do Conselho, porque o fulano vai irromper por lá dentro, cobrir-nos de calúnias, a todos nós, e gritar a bom gritar. 485

SALSICHEIRO

Já lá vou. É só pousar, aqui mesmo, as tripas e as facas. *(Liberta-se dos acessórios.)*

DEMÓSTENES *(passa-lhe o óleo)*

Toma, unta o pescoço com isto, para poderes, com uma escorregadela, escapar às ... calúnias do tipo ([100]). 490

SALSICHEIRO

Tens toda a razão. Falaste como um mestre de luta.

DEMÓSTENES *(que lhe passa uns dentes de alho)*

Anda, toma lá, engole isto.

SALSICHEIRO

Para quê?

DEMÓSTENES

Para dares mais luta, meu caro, por teres comido alho ([101]). Despacha-te! Depressa! 495

([100]) O Salsicheiro prepara-se para a disputa com o Paflagónio, perante o Conselho, como se se tratasse de um combate físico. Subtilmente διαβολάς 'calúnias' substitui-se a διαλαβάς 'ataques, golpes'.
([101]) O alho era usado como estimulante nas lutas de galos (cf. v. 946, *Ach.* 166). A metáfora prolonga-se pelos vv. 496 sq.

SALSICHEIRO

É o que estou a fazer.

DEMÓSTENES *(ao Salsicheiro, que se afasta)*

Não te esqueças, ferra-lhe o dente, arrasa com ele, come-lhe a crista. E não apareças cá de volta sem lhe teres papado a barbela. *(Entra em casa.)*

CORO

Toca a andar e boa sorte! Oxalá correspondas aos nossos desejos. Que Zeus Agoreu te proteja, e que, com a vitória nas mãos, voltes aqui coberto de coroas. *(Aos espectadores.)* E vocês, prestem atenção aos anapestos, ó gente habituada a experimentar, por si própria, todo o género de poesia ([102]).

500

505

Se algum desses poetas cómicos, já fora de moda, nos quisesse obrigar a falar ao público na parábase ([103]), não o teria conseguido assim do pé para a mão. Mas desta vez o poeta merece-o: odeia a mesma gente que nós odiamos, tem a coragem de dizer o que é justo, e avança, com dignidade, contra Tífon e o furacão ([104]). Quanto à surpresa de muitos de vocês que, segundo o poeta diz, o têm procurado para lhe perguntarem por que razão,

510

([102]) Sobre o processo, vulgar na comédia antiga, de dirigir ao público palavras de elogio, cf. *Nu.* 535, *V.* 1013 sq.; Cratin. fr. 182K.-A.; Pl. Com. fr. 96K.-A.

([103]) A parábase era uma componente fulcral na comédia mais antiga. Correspondia ao momento em que o coro avançava em direcção ao público, para, desligado do contexto da peça, lhe dirigir alguns versos em nome do autor. As temáticas preferidas desta intervenção são sobretudo de carácter político ou poético; é através do coro que o comediógrafo dirige directamente ao público o seu conselho a respeito dos interesses da cidade, ou reflecte sobre a arte que cultiva, para pedir o aplauso a que se julga com direito.

([104]) O inimigo comum, monstro ensurdecedor e tenebroso, contra o qual se revela a intrepidez hercúlea do poeta, é o demagogo Cléon. Já em *Babilónios*, a comédia apresentada em 426, Aristófanes havia iniciado um ataque agressivo contra a política de Cléon em relação aos aliados de Atenas. O atingido encetou uma perseguição contra o poeta, acusando-o perante o Conselho e o povo ateniense (cf. *Ach.* 377-382, 502 sqq., 630 sqq.), o que valeu ao acusado alguns dissabores. Apesar do poder do demagogo, o poeta foi poupado, já que não há notícia de o caso ter passado para a alçada dos tribunais (cf., de resto, os vv. 381 sqq. de *Acarnenses*, em que o poeta recorda o perigo que correu e de que, a muito custo, escapou). Além do mais, dois anos volvidos, Aristófanes voltava à carga com a violência que encontramos nos

tanto tempo já passado, não solicitava um coro em seu próprio
nome, ele encarregou-nos de vos dar uma explicação. Pois bem,   515
diz o nosso poeta que não foi por falta de senso que deixou pas-
sar o tempo nessa situação, mas por considerar a produção de
uma comédia a tarefa mais árdua que pode haver ([105]). Muitos
foram os que se abalançaram a ela; a poucos ela concedeu os
seus favores. Pelo que vos toca, há muito já que ele vem cons-
tatando que o vosso humor varia com os anos e que os poetas
antigos, quando chegam à velhice, os pondes de lado. Sabe o que   520
aconteceu a Magnes ([106]), à medida que as brancas foram chegan-
do, apesar de tantas vitórias alcançadas sobre coros rivais e dos
troféus obtidos. Não houve processo que ele não tentasse: toca-
va lira, batia as asas, fazia de lídio, de pulgão, tingia-se de verde
como as rãs. E que ganhou ele com isso? Depois que ficou velho,   525
no fim da vida, foi posto a um canto – nunca tal lhe acontecera

---

versos de *Cavaleiros*, o que prova que o poeta, ileso no processo contra ele intenta-
do, não considerou encerrada a questão com Cléon (cf. *V.* 1248 sqq.). De todo este
processo, em que empenhou o melhor do seu engenho e da sua coragem de prin-
cipiante, fez Aristófanes um degrau decisivo na sua carreira dramática: cf. *V.* 1030-
1037, *Pax* 748-760.

Na descrição de Hesíodo (*Th.* 821 sqq., 869 sqq.), Tífon era um monstro de cem
cabeças de serpente, cada uma emissora de assustadoras vozes de fera: tão horripi-
lante ser tinha ainda o poder nefasto de desencadear ventos tempestuosos. A vitória
sobre este monstro e o seu aniquilamento constituíram uma das façanhas de
Hércules.

([105]) Quando um poeta pretendia candidatar-se a um concurso dramático, devia sub-
meter-se a uma pré-selecção perante o arconte. Se a sua peça fosse seleccionada, o
autor teria direito a um subsídio para despesas de produção; todos os gastos de
preparação e manutenção do coro caberiam a um cidadão abastado, previamente
investido nessa missão, e as despesas com os actores seriam suportadas pelo Estado.
Para mais pormenores sobre o assunto, cf. A. W. Pickard-Cambridge, *The dramatic
festivals of Athens*, 82-91.

Durante o séc. V, tornou-se frequente entre os poetas cómicos camuflarem a sua
identidade por trás de outro nome, conhecido no mundo dramático. Após ter apresentado pelo menos três comédias (*Celebrantes do banquete, Babilónios* e *Acarnenses*), foi com *Cavaleiros* que, pela primeira vez, Aristófanes arriscou assumir a sua
identidade de autor e solicitar o coro em seu próprio nome. Apesar de vulgar, esta
atitude foi alvo de censuras por parte dos rivais e do público. Mas que razões poderia ter o poeta para assim proceder? Que houvesse limites de idade para a candi-
datura ao concurso parece excluído por este passo, onde um jovem poeta
levanta censuras por 'há tanto tempo já' não ter solicitado um coro em seu próprio
nome. Por outro lado, os vv. 514-516 parecem conter a resposta certa: 'por considerar a produção de uma comédia a tarefa mais árdua que pode haver'. É sobretudo
a imaturidade e inexperiência que levam o poeta jovem a escudar-se por trás daqueles que têm a fama já consagrada, no mundo difícil do teatro. Para outras referências, na obra de Aristófanes, a esta questão, cf. *Nu.* 530-532, *V.* 1018 sqq.

([106]) Magnes foi um nome de sucesso na comédia durante a primeira metade do séc.
V. Testemunhos antigos (IG II² 2325. 44) atribuem-lhe onze vitórias nas Dionísias.

nos verdes anos –, quando lhe faltou o dom de fazer rir. Depois lembrava-se do caso de Cratino ([107]), dantes tão aplaudido, como um rio a correr por planícies sem escolhos, a derrubar do seu posto, para os arrastar consigo, carvalhos e plátanos e rivais cortados pela raiz. Nos banquetes não se cantava outra coisa, era só 'Doro de sandálias de ... sicofanta', ou 'artífices de hinos bem modelados' ([108]), de tal maneira ele estava então em voga. Agora, porém, que vocês o vêem tresler, não querem saber dele para nada, nem da sua lira de cavilhas soltas, cordas bambas e junturas esgaçadas. Um homem daquela idade, anda por aí, armado

---

Para obter um incontestável sucesso bastou-lhe presentear o público, pouco exigente ainda, com motivos banais, sobretudo animalescos, a que os coros primitivos o tinham habituado. O *schol. ad loc.* regista os seguintes títulos das comédias de Magnes: *Tocadores de lira, Aves, Lídios, Pulgões, Rãs*. Estes títulos aludem a um tipo de espectáculo que extrai o seu principal encanto do movimento, cor, ruído e exotismo: sons animais e musicais, adereços exóticos de bichos e de estrangeiros (sobre a pujança destes processos nas representações primitivas, cf. Pickard-Cambridge, *Dithyramb, tragedy and comedy*, 79 sq., 157). Porque a festa teatral era então sobretudo movimento e espectáculo, já a antiguidade perdera as peças de Magnes.

([107]) Mais velho do que Aristófanes, Cratino completava, nos anos vinte do séc. V, uma longa existência, preenchida, quase até ao seu termo, por uma produção dramática intensa e aplaudida. Com Cratino, o ataque pessoal, que havia feito as delícias dos Gregos desde tempos imemoriais, revigorou-se e proporcionou o apogeu da sátira nominal: a invectiva pessoal deixou de ser episódica e destacada do contexto, como por certo teria sido até então (cf. *Ra.* 416 sqq.), para se integrar na contextura da intriga, de modo a permitir à comédia a abordagem de questões políticas e sociais, e conferir às suas vítimas um papel na acção. Aristófanes descreve a novidade de Cratino em termos particularmente significativos, identificando-o com poderoso caudal que, numa marcha sem barreiras, arrastasse consigo, arrancadas pela raiz, árvores de grande porte, plátanos e carvalhos.

Também Cratino, apesar do sucesso obtido, não escapou ao abandono do público, no dizer de Aristófanes. Velho e caduco, o pobre erra sem destino, partido o instrumento que fizera a sua glória de outrora. Ingrata, a cidade negou-lhe as honras devidas ao mérito sempre aplaudido: uma cadeira de honra no teatro e as refeições no Pritaneu. E subtilmente Aristófanes sugere uma pequena alteração adaptada aos gostos de Cratino: que no Pritaneu lhe sirvam, não comida, como habitualmente (cf. *supra* nota 37), mas vinho (cf. v. 535; sobre esta acusação, cf. v. 400). Toda a ironia desta apresentação pode ser bem avaliada, se tivermos em conta que o velho Cratino, caduco e tonto, concorria, com *Sátiros*, a este mesmo festival, no qual havia de obter o segundo lugar. Mais ainda, desafiado pelo rival, apresentou, no ano seguinte, *A Garrafa*, que havia de sair vitoriosa sobre *Nuvens*: nela defenderia que só o vinho pode conceder a inspiração para as grandes produções poéticas, e provaria, no aplauso do público, que a sua carreira de artista não havia ainda chegado ao fim.

([108]) Dos sucessos de Cratino, Aristófanes recorda duas cançonetas apresentadas na comédia intitulada *Eunidas*, composições de resto eloquentes sobre a virulência dos ataques do comediógrafo. R. A. Neil, *Knights*, 79, entende que Δωροῖ συχοπέδιλε

em Conas ([109]), uma coroa murcha na cabeça, morto de sede;
quando, graças às vitórias do passado, devia beber no Pritaneu, 535
e, em vez de dizer disparates, assistir ao teatro, com todo o
esplendor, ao lado de Dioniso. E Crates ([110]), quantos assomos de
cólera e maus tratos da vossa parte não teve de engolir, um tipo
que vos mandava embora depois de servir um prato ligeiro, e que
sabia preparar, com um gosto requintado, os mais finos pensamentos. Apesar de tudo, foi o único que conseguiu aguentar-se, 540
com muitos altos e baixos. Era com estes receios que o nosso
poeta ia sempre adiando. E mais ainda: entendia que era preciso
começar como remador, antes de deitar mão ao leme, depois passar a piloto e estudar os ventos e só então comandar por conta
própria ([111]). Por todas estas razões, se evitou irromper em cena à 545
doida para despejar meia dúzia de patacoadas, e preferiu agir
com bom senso, façam ressoar, em sua honra, uma trovoada de

é uma paródia de canções endereçadas à divindade: à semelhança de nomes
mitológicos como Θαλλώ e Καρπώ, Cratino cria Δωρώ, com uma alusão clara a
'suborno'. Como epíteto desta nova divindade, o poeta forja συχοπέδιλε (cf. Hes.
Th. 454, χρυσοπέδιλε), que sugere a ideia de sicofanta, associada à do seu santo
protector, o suborno.

Τέχτονες εὐπαλάμων ὕμνων poderia, na hipótese de Neil, ser um qualificativo dos filhos de Euneu, conhecidos instrumentistas a quem era dedicada a comédia. No entanto, a expressão talvez não fosse de todo isenta de uma certa malícia:
Edmonds, *The fragments of Attic comedy,* I (Leiden 1957) 44, chama a atenção para
o parentesco existente entre εὐπάλαμος e a palavra simples παλάμη 'palma da
mão', com a consequente ideia de corrupção, que aproxima os temas das duas composições citadas.

([109]) Conas é uma deturpação depreciativa de Cono, notável executante e vencedor
de concursos olímpicos de música, que contou, entre os seus discípulos de lira, a
figura notável de Sócrates (cf. Pl. *Euthd.* 272c, 295d, *Mx.* 235e-236a). Cono foi
tema para comédias de Amípsias e Frínico; também Cratino o tornou símbolo de
decadência, em *Eunidas* (cf. fr. 349K.-A.). E agora, por ironia de Aristófanes, o
próprio Cratino é comparado a Cono, ambos marcados por um destino cruel, após
uma vida de glórias.

([110]) A actividade dramática de Crates situa-se entre os anos 450-430 a. C., após uma
fase inicial em que exerce o papel de actor nas comédias de Cratino. Apesar de uma
carreira atribulada, oscilante entre o aplauso e o apupo, a Antiguidade testemunha-
-nos três vitórias de Crates nas Dionísias Urbanas (IG II² 2325. 52). Este poeta
trouxe à comédia algo que até então lhe fora estranho: moderação, finura e equi-
líbrio. Estas qualidades, que o levaram a repudiar a invectiva pessoal, em favor das
comédias de intriga (muito provavelmente a exemplo do que Epicarmo então prati-
cava na Sicília), haviam de valer-lhe o elogio de Aristóteles (*Po.* 1449b 7-9).

([111]) Aristófanes define a evolução da carreira dramática do poeta por metáfora
com a hierarquia de bordo, que Pólux (1. 95) estabelece do seguinte modo: οἱ
ἐμπλέοντες, χυβερνήτης, πρωιράτης, ναύτης, ἐρέτης. O poeta deve começar
naturalmente pelo escalão inferior, o de 'remador', que o sujeita a um ritmo e

aplausos, acompanhem-no com os vossos onze remos ([112]) com
um vigoroso clamor leneu ([113]), de modo que o poeta parta feliz,
550 radioso, de fronte ... iluminada ([114]), por ter conseguido o sucesso que desejava.

Posídon, senhor dos cavalos ([115]), que te comprazes com o tro-
pel de cascos de bronze, e com os seus relinchos; com as trir-
555 remes velozes, de negro esporão, portadoras de salários ([116]); com
a corrida dos jovens, gloriosos nos seus carros, mesmo quando
pouco afortunados ([117]). Vem até nós, ao nosso coro, deus do tri-
560 dente de ouro, senhor dos delfins, divindade do Súnion, ó filho

---

esquema preestabelecidos; o comando, a liberdade de escolher os seus próprios
caminhos, só lhe estará acessível depois de uma reflexão sobre os meandros da arte,
'depois de estudar os ventos'.

([112]) Das várias interpretações propostas para este passo obscuro, parece preferível a
hipótese de Naber (*apud* Sommerstein, *op. cit.*, 173) de que 'os onze remos' seriam
os dez dedos e a língua, instrumentos com que o público poderia manifestar o
seu agrado (para o mesmo tipo de metáfora, cf. Tim. fr. 15. 5-6 Page). Para outras suges-
tões, *vide* R. A. Neil, *op. cit.*, 82.

([113]) O clamor 'leneu' é o aplauso que se faz ouvir no festival das Leneias, onde esta
peça foi apresentada. Realizado durante o inverno, este festival dionisíaco tinha
umas dimensões restritas à população da cidade (cf. *Ach.* 504-509). O programa das
festividades incluía concursos de comédia e tragédia, os primeiros dos quais se rea-
lizavam com muito brilho. Para uma informação circunstanciada sobre a matéria, cf.
A. W. Pickard-Cambridge, *The dramatic festivals of Athens*, rev. por J. Gould e D.
M. Lewis (Oxford ²1968) 29-42.

([114]) Para outras referências à calvície de Aristófanes, cf. *Pax* 767-773; Eup. fr. 89K.-A.
Este tipo de gracejos é, pelo próprio comediógrafo, situado entre os mais vulgares e
saturados da comédia: cf. *Nu.* 540.

([115]) Os Cavaleiros dão agora início a um canto em honra de Posídon, senhor dos
cavalos (cf. *Il.* 8. 440 sqq., 23. 307 sqq., 584 sqq.) e seu patrono.

([116]) O significado do epíteto 'portadoras de salários' (μισθοφόροι) tem-se prestado
a várias interpretações. Aparentemente, os beneficiários imediatos da actividade
das naus são os marinheiros, que aí ganham os seus salários (cf. vv. 1065 sqq.,
1366-1368). Ehrenberg, *The people of Aristophanes*, 304, acrescenta que talvez estas
naus, tão do agrado do deus, fossem aquelas cuja tripulação recebia os salários em
devido tempo (para exemplo de salários em atraso, cf. vv. 1366 sq.). Sommerstein,
op. cit., 174, alvitra que talvez as naus fossem portadoras dos tributos das cidades aliadas, que os Atenienses podiam utilizar para pagar salários (cf. *V.* 656-667).

([117]) É natural o entusiasmo que os Cavaleiros aqui exprimem por corridas de cavalos, dada a sua juventude, fortuna e convívio diário com os animais. Famosas eram
as corridas de carros e de cavalos, que preenchiam uma parte do programa do festival das Pan-Ateneias, com que Atenas homenageava a sua deusa protectora (sobre
este festival, cf. M. H. Rocha Pereira, *Estudos de História da Cultura Clássica*, I
(Lisboa ⁹2003) 349-350).

Βαρυδαιμονούντων parece referir-se àqueles que saem vencidos das corridas;
apesar disso 'gloriosos sobre os seus carros'.

de Cronos venerado em Geréstio ([118]), entre todos os deuses o mais caro a Fórmion e aos Atenienses, nos tempos que correm ([119]).

Queremos celebrar os nossos pais, que se mostraram dignos desta terra e do peplos ([120]), nos combates terrestres como nas batalhas navais; por toda a parte vitoriosos, sempre ilustraram esta cidade. Jamais algum, perante os inimigos, se quedou a contá-los; logo o coração se lhes dispunha à resistência. Se, na refrega, iam com o ombro ao chão ([121]), sacudiam o pó, negavam que tivessem caído e retomavam a luta. Nunca um estratego, nos

565

570

([118]) O hino encerra com uma série de epítetos, definidores dos atributos do deus: o tridente e o delfim são acessórios constantes de Posídon, nas representações plásticas da época. A presença do deus no cabo Súnion, situado no extremo sudeste da Ática, pode ainda hoje ser testemunhada pelas ruínas do seu templo, cenário, na Antiguidade, de festejos quadrienais em honra do seu patrono, em que corridas de barcos tinham lugar de relevo (cf. Hdt. 6. 87). Geréstio era um promontório, situado na Eubeia, e também local de veneração do deus dos mares.

([119]) Nestes anos de guerra, em que Atenas assentava a sua força principal na armada, Posídon tornou-se para o seu povo uma divindade de primeira importância. Fórmion, o famoso general protagonista de difíceis campanhas durante a guerra do Peloponeso (cf. Th. 1. 64 sqq., 117, 2. 68 sqq., 83-92), converteu-se em símbolo do chefe naval, vencedor em lutas de êxito difícil (cf. Th. 2. 83-92). Aristófanes dá de Fórmion a imagem do comandante experimentado e resistente (cf. *Pax* 348, *Lys.* 804). Êupolis havia, em *Taxiarcos* (cf. *schol Pax* 347), imaginado um Fórmion em dificuldades para ensinar a Dioniso, completamente destituído de talentos, a arte da marinharia (cf. a personalidade semelhante do deus em *Rãs*, no que respeita à sua faceta de marinheiro). Sobre a personalidade de Fórmion e a sua intervenção na guerra, *vide The Cambridge Ancient History*, V, 208-211.

([120]) O peplos ou manto aqui mencionado é sem dúvida aquele que a cidade oferecia à deusa Atena, no festival das Pan-Ateneias. Um dos momentos culminantes da festa era a procissão, em que tomavam parte todos os componentes da vida da cidade: as filhas das melhores famílias, portadoras de oferendas, os cidadãos, os metecos, e os cavaleiros, que o friso interior do Pártenon imortalizou. Este cortejo levava, para oferecer a Atena, o peplos bordado com motivos do mito, a que Eurípides se refere em *Hec.* 466-474: sobre fundo cor de açafrão, em bordado de cores matizadas, o coro lembra o desenho das parelhas de cavalos e da luta de Zeus com os Titãs. Para uma informação mais precisa sobre este festival, cf. *supra* nota 117. 'Ser digno do peplos' pode significar 'ser digno de figurar no bordado do peplos', como de resto o referido passo de Eurípides testemunha; ou ainda, 'merecer um lugar destacado' na procissão solene que oferecia o peplos a Atena, como aventa Neil (*op. cit.*, 85 sqq.).

([121]) 'Ir com o ombro ao chão' significava, na linguagem dos combates, ceder pontos ao adversário (*AP* 9. 588. 5-6). Reagir ao inimigo, mesmo quando o curso da luta apresentava momentos desfavoráveis, era uma prática dos homens valentes do passado.

575 velhos tempos, iria pedir a Cleeneto ([122]) para ser sustentado a expensas públicas. Ao passo que hoje em dia, se não se lhes concede um lugar reservado e subsídio de refeição ([123]), recusam-se a combater. Mas nós achamos que pela cidade e pelos deuses nacionais se deve lutar de graça ([124]), com toda a valentia. Fora disto, não pedimos mais nada, a não ser um pequeno favor, só
580 um: se um dia a paz vier e acabar com o nosso sofrimento, não nos invejem a cabeleira e a pele bem massajada ([125]).

Ó Palas ([126]), guardiã da cidade, soberana desta terra sagrada, superior a qualquer outra pelo combate, pelos poetas e pelo
585 poder, vem até nós, e traz contigo aquela que, nas expedições e nas batalhas, é nossa aliada, a Vitória; nossa companheira de
590 dança, ela alinha connosco contra os inimigos. Vamos, é tempo, aparece. É preciso que assegures aos nossos homens a vitória, por qualquer preço. Agora ou nunca!
595 Por aquilo que conhecemos dos nossos cavalos, queremos fazer-lhes aqui o elogio. São dignos de uma palavra de louvor. Muitas empresas houve, de facto, em que se empenharam, a

---

([122]) Cleeneto era o pai de Cléon, proprietário de uma loja de curtumes (cf. *schol. Eq.* 44), que lhe havia granjeado uma fortuna (IG II² 2318. 34). Da menção de Cleeneto, Sommerstein, *op. cit.*, 175, conclui que estas honrarias, nos anos vinte do séc. V em que se situa a nossa peça, concedidas pelo povo como eram, pudessem depender da interferência de um político poderoso, como Cléon. Logo, ao contrário do que é prática corrente nestes anos, nunca um estratego do passado se humilharia a tomar como medianeiro um homem de origem humilde, para obter uma concessão a que os seus méritos davam pleno direito.

([123]) Cf. *supra* notas 37, 61, 62. A proedria, ou direito a um lugar de honra no teatro, era uma regalia concedida juntamente com a da refeição no Pritaneu (cf. vv. 535 sq.).

([124]) 'De graça' significa aqui 'sem gratificação especial', já que os Cavaleiros tinham um salário atribuído pelo Estado.

([125]) As longas cabeleiras eram usadas pelos jovens de boas famílias e pelos intelectuais (cf. *Ach.* 389 sq., *Nu.* 332, 545, 836, *Av.* 911-914), de modo que se tornaram sintoma de afectação e mesmo de princípios antidemocráticos. Assim, os que as usavam eram muitas vezes vítimas da desconfiança geral (cf. *V.* 463-470; Lys. 16. 18). A στλεγγίς era uma espécie de raspador da pele, utilizado no banho, para retirar os restos do óleo usado para amaciar a pele (cf. Pl. *Hp. Mi.* 368c, *Chrm.* 161e). Juntamente com a longa cabeleira, o tratamento cuidado da pele denuncia o luxo comum entre a juventude aristocrática.

([126]) O coro dirige-se agora a Atena, a protectora da cidade e patrocinadora da vitória. Os Cavaleiros assumem aqui uma dupla identidade: a de coro de comédia, que solicita o êxito sobre os rivais, e a de Atenienses, que almejam a vitória na guerra em que agora se empenham.

nosso lado, em ataques e lutas. Mas o que é a nossa admiração pelos seus feitos em terra, se pensarmos que os vimos saltar para os navios, como homens, depois de se abastecerem de cantis, ou mesmo de alhos e cebolas ([127])? Então pegaram nos remos como nós, humanos, e meteram mãos à obra gritando: 'U-upa, então quem é que rema? Força, mais! Em que estamos nós a pensar? Vamos, puxa, Sânfora!' ([128]) Desembarcaram em Corinto ([129]). Logo os mais novos, com os cascos, puseram-se a cavar os leitos de campanha e a procurar mantimentos. Em vez de lucerna, comiam caranguejos, os que saíam fora de água, ou mesmo os que eles próprios iam caçar ao fundo. De tal maneira que Teoro ([130]) atribui esta tirada a um caranguejo de Corinto: 'É demais, Posídon! Nem nas profundezas, nem em terra, nem no mar, consigo escapar aos cavaleiros'. 600

605

610

(Ao Salsicheiro que vem a entrar.) Ó meu grande amigo – o maior de todos e o mais fixe –, que inquietação nos causou a tua ausência! Mas agora que voltaste são e salvo, conta lá: como decorreu a luta?

SALSICHEIRO

Que mais posso dizer-vos senão que me portei como … um Nicobulo ([131])? 615

([127]) Como verdadeiros soldados, os cavalos procedem à aquisição de provisões de campanha (cf. *Ach.* 197, 550, 1099, *Pax* 1182).

([128]) Os cavalos de raça eram marcados a ferro com duas letras dóricas, o san (M) e o copa (q) – cf. *Nu.* 23, 122, 438, 1298 – e designados respectivamente por σαμφόρας e κοππατίας.

([129]) Cf. Introdução, p. 8.

([130]) Embora não haja certeza a respeito da identidade deste Teoro, é presumível que se trate do homem de confiança de Cléon, muitas vezes atingido pelos ataques da comédia. Vemo-lo na pele de um embaixador pouco escrupuloso, em *Ach.* 134 sqq., acusado de perjúrio, em *Nu.* 400, voraz e oportunista, em *V.* 42-51, 418 sq., 599 sq. 1236-1241. Naturalmente que, como aliado de Cléon, este homem se encontrava do lado oposto ao dos Cavaleiros, que não deixavam tranquilos os caranguejos … nem os oportunistas.

([131]) O grego aproveita graciosamente o sentido etimológico de um nome corrente: Nicobulo compõe-se de νίκη 'vitória' e βουλή 'conselho'; logo significa 'aquele que sai vitorioso perante o conselho'. Não há motivo para ver, nesta referência, uma alusão a qualquer personagem individualizada.

CORO

É altura de soltarmos – todos! – um clamor de alegria. Tu que tens o dom da palavra e, melhor ainda que as palavras, que soubeste agir como era devido, vê lá se me contas tudo, tintim por tintim. Porque estou a ver que era capaz de fazer uma longa caminhada para te ouvir. Por isso, meu caro amigo, fala – coragem! –, que todos rejubilamos por ti.

SALSICHEIRO

Pois bem, vale a pena ouvir a história toda. Eu saí daqui e fui logo no encalço dele. Já o tipo estava lá dentro, lançado numa arenga danada, em voz de trovão, a mandar patranhas contra os cavaleiros; e vá de amontoar palavrões de metro e meio, e tratá-los de conspiradores, de maneira muito convincente. O Conselho inteiro, à força de o ouvir, ficou pálido ... de tanta mentira ([132]). As caras anunciavam mostarda ([133]), as testas franziam-se. Então eu, quando percebi que as palavras dele tinham acolhimento, e que o Conselho se deixava ir no paleio, pensei: 'Vamos lá, Génios da Safadeza e da Trafulhice, da Maluqueira, da Fajardice e do Descaro, e tu, ágora, onde, menino ainda, me criei, chegou a hora de me darem coragem, uma língua pronta e uma voz atrevida'. Estava eu a falar com os meus botões e, à minha direita, um maricas manda um traque. Prostrei-me em adoração ([134]). Depois, com um coice, derrubei a balaustrada ([135]) e, de boca escancarada, gritei: 'Membros do Conselho, trago boas notícias! Quero ser o primeiro a anunciar-vos a boa nova. Desde

---

([132]) O composto ψευδατράφαξυς inclui um primeiro elemento que anuncia a falsidade das acusações de Cléon, que têm sobre o Conselho o mesmo efeito que a ármole, planta que os antigos supunham que provocava a palidez (cf. Plin. *HN* 20. 219).

([133]) A tradução preserva a metáfora do original. É comum na comédia a prática de associar ao verbo βλέπω o nome de uma planta, de modo a traduzir um determinado cambiante de humor: cf. *Ach.* 254, *V.* 455, *Pax* 1184, *Ra.* 603, *Ec.* 292.

(134) Subtilmente ἐπέπαρδε 'deu um traque' substitui-se a ἐπέπταρε 'deu um espirro', que, se proveniente do lado direito, era tomado como sinal de bom agoiro (cf. *Od.* 17. 541-547; X. *An.* 3. 2. 9; Plu. *Them.* 13. 2). Grato pelo sinal favorável, o Salsicheiro agradece aos deuses.

([135]) Na sala do Conselho (cf. v. 675), como também nos tribunais (cf. *V.* 124, 552, 775, 830), os membros do Conselho e os juízes ficavam isolados do público por uma balaustrada (δρύφακτοι), cuja cancela de acesso se designava por κιγκλίς.

que entre nós estalou a guerra, ainda não tinha visto sardinhas tão 645
baratas' ([136]). Foi instantâneo: as expressões serenaram. Queriam
coroar-me por tão boa notícia ([137]). Então eu, no maior segredo,
dei-lhes um conselho: se queriam arranjar uma boa sardinhada
por um óbolo apenas, que se despachassem a arrematar as tige- 650
las aos fabricantes ([138]). Todos aplaudiram e ficaram pasmados a
olhar para mim. O outro, o Paflagónio, teve uma ideia, e farto de
conhecer a linguagem que mais agrada ao Conselho, fez esta
proposta: 'Meus senhores, proponho que, dado o feliz aconteci- 655
mento que acabam de nos anunciar, se sacrifiquem cem bois à
deusa' ([139]). Foi a vez de ele receber a aprovação do Conselho. Aí
eu, quando me vi batido por aquele monte de trampa ([140]), levan-
tei o número para duzentos bois, e sugeri que se fizesse voto à 660
Deusa da Caça de um milhar de cabrinhas no dia seguinte ([141]), se
as anchovas estivessem a um óbolo o cento. E o Conselho inteiro
pregou os olhos em mim outra vez. O fulaninho, quando ouviu
aquilo, perdeu as estribeiras e desatou a disparatar. Então os prí- 665
tanes e os archeiros ([142]) arrastaram-no lá para fora, enquanto os

---

([136]) O grego ἀφύας usava-se indistintamente para várias espécies de peixe miúdo,
que constituíam a base da alimentação da classe mais pobre, e que escasseavam
durante estes anos de guerra.

([137]) O portador de boas notícias era presenteado com uma coroa (cf. *Pl.* 764 sqq.).

([138]) Era nestes recipientes que os Atenienses transportavam o peixe que tinham
comprado (cf. *Av.* 77). O açambarcamento das tigelas iria impedir quem quer que
fosse de adquirir as sardinhas, e logo garantiria o seu preço por falta de concorrên-
cia de compradores.

([139]) É evidente que a proposta é descabida no contexto em que se insere; retoma, no
entanto, uma prática que celebrava grandes acontecimentos (cf. X. *HG* 1. 6. 37;
Isoc. 7. 10; Aeschin. 3. 160). Nem só o pretexto é caricaturado, como ainda as proporções do ritual proposto: uma hecatombe, no sentido literal do sacrifício de cem
bois, era um acontecimento particularmente raro (cf. Ath. 3d); impensável seria a
matança de duzentos animais.

([140]) Imagens do mesmo teor são frequentemente aplicadas à actuação política e à
oratória de Cléon (cf. *Ach.* 382, *Pax* 47 sq., 753). Neste caso concreto, a imagem
integra-se na menção dos cem bois para o sacrifício.

([141]) Em cumprimento de um voto feito na ocasião da batalha de Maratona (X. *An.*
3. 2. 12; Plu. *Moralia* 862a), os Atenienses sacrificavam anualmente a Ártemis
quinhentas cabras (para a tradição dos sacrifícios de cabras à deusa, cf. A. *Ag.* 231-
-237). A importância do peixe barato nestes anos de guerra pode ser avaliada pela
proposta de um sacrifício duplicado à deusa, em relação à famosa vitória.

([142]) Sobre os prítanes, cf. *supra* nota 64. Fazia parte das suas atribuições o comando
das forças policiais (cf. *Ach.* 56 sq., *Th.* 654, 764, 923, 929 sqq.). Os archeiros eram
escravos, em geral de proveniência cita, que desempenhavam funções de polícia, sob
o comando de oficiais do Estado (cf. *Ach.* 54, *Lys.* 424-462, *Th.* 923 sqq. 1001 sqq.).

do Conselho, de pé, faziam um alarido danado por causa das sardinhas. O nosso homem bem pedia que esperassem só um momento: 'Oiçam o que tem para vos dizer o arauto enviado da Lacedemónia' – dizia ele. 'Ele veio por causa das tréguas' ([143]).

670 Mas todos à uma gritaram: 'Tréguas? Numa altura destas? Agora, meu caro amigo, que tiveram cheiro de que temos cá sardinhas baratas?! Não precisamos de tréguas para nada. A guerra que continue'. E gritaram para os prítanes que encer-

675 rassem a sessão. Por todos os lados era quem mais saltava a balaustrada ([144]). Quanto a mim, passei-lhes à frente a toda a brida e fui comprar quantos coentros e alhos havia no mercado. Quando os vi atrapalhados, sem saberem onde os arranjar, dei-lhos de graça, para temperarem as sardinhas; foi a maneira de

680 lhes ser agradável. Todos se fartaram de me dar elogios e hurras. De tal maneira que conquistei o Conselho inteiro com um óbolo de coentros, e aqui estou eu de volta.

CORO

Estás-te a sair na perfeição, como convém a um protegido da sorte. O safado arranjou um parceiro que lhe leva a palma em

685 patifarias, em aldrabices de todo o tamanho e em falinhas mansas. Mas prepara-te para saíres desta com uma vitória de

690 arromba. Estamos do teu lado, e tu sabe-lo há muito tempo.

(Entra o Paflagónio, furioso.)

SALSICHEIRO

Olha, lá vem o Paflagónio, a arrastar consigo uma vaga de borrasca, pronto para virar tudo de pantanas, como se me fosse engolir vivo. Arre que o fulano é de topete!

PAFLAGÓNIO (ameaçador)

695 Se não acabo contigo, por pouco que me reste das minhas aldrabices, que me desfaça todo em bocadinhos.

([143]) Um conselho de tréguas na boca de Cléon, defensor constante da prossecução da guerra, não é mais que uma tentativa demagógica numa causa desesperada.
([144]) Cf. *supra* nota 135.

SALSICHEIRO

São um prazer as tuas ameaças! Até me rio das tuas bazófias!
Danço o fandango ([145])! Canto de galo pra cima de ti.

PAFLAGÓNIO

Ah não! Macacos me mordam, se te não … engulo desta terra
para fora!

SALSICHEIRO

Se me não engoles? Outro tanto digo eu. Diabos me levem se   700
te não tragar, nem que, contigo no bucho, dê um realíssimo
estoiro!

PAFLAGÓNIO

Vou acabar contigo, pelo lugar de honra que arranjei em
Pilos ([146]).

SALSICHEIRO

Lugar de honra, hã?! Ainda te hei-de ver saltar do lugar de
honra para fora, e ficar sentadinho na última fila.

PAFLAGÓNIO

Ah, justos céus! Ainda te hei-de amarrar à canga ([147])!   705

SALSICHEIRO

Que exaltado! Ora deixa ver … o que é que te hei-de dar para
manducares? Que te apeteceria mais comer? Uma bolsa, não?

([145]) Μόθων é a designação de uma dança popular e licenciosa (cf. *Pl.* 279; Poll. 4.
101). 'Fandango' é uma tentativa de conservar na tradução o nome de uma dança
popular, que pode ser usado na língua com uma conotação pejorativa, que não é
estranha também ao original grego.
([146]) Cf. *supra* notas 16 e 123.
([147]) Cf. *supra* nota 75.

PAFLAGÓNIO

Vou-te estripar com as unhas.

SALSICHEIRO

E eu arrebanho-te essa paparoca do Pritaneu.

PAFLAGÓNIO

710   E eu arrasto-te à presença do povo, para me dares a reparação devida.

SALSICHEIRO

Quem te arrasta lá sou eu, para te caluniar ainda mais.

PAFLAGÓNIO

Oh pobre coitado, o povo não vai acreditar numa só palavra do que tu disseres! Para reinar com ele estou cá eu, quando me der na real gana.

SALSICHEIRO

Estás mesmo convencido de que tens o povo na mão!

PAFLAGÓNIO

715   Conheço-o bem, sei como se lhe adoça a boca.

SALSICHEIRO

Lá isso é! E depois, como fazem as amas, roubas-lhe na comida. Esmagas-lhe a papa, metes-lhe um pedacinho na boca, e tratas tu de engolir três vezes mais do que ele ([148]).

([148]) São repetidas nesta comédia as referências ao 'sustento' que Cleón fornece ao povo sob forma de dinheiro (cf. vv. 51, 799 sq.). No entanto, apesar desta generosidade demagógica, o político arrecada mais do que concede (cf. vv. 1218-1223; *V.* 656-718).

PAFLAGÓNIO

Caramba! E habilidade não me falta para fazer o povo esticar ou encolher ([149]). 720

SALSICHEIRO

O meu rabo também é perito nisso.

PAFLAGÓNIO

Não, meu amigo, no Conselho não te vais ficar a rir de mim, com as tuas fanfarronadas. Vamos à presença do Povo.

SALSICHEIRO

E porque não? Vamos, toca a andar. Nada nos pode impedir.

(Aproximam-se da casa do Povo e batem com alarido.)

PAFLAGÓNIO

Ó povo, chega aqui! 725

SALSICHEIRO

Sim tiozinho, anda cá.

PAFLAGÓNIO

Meu povinho querido, anda cá, vem ver como estou a ser insultado.

POVO *(lá de dentro)*

Que gritaria vem a ser esta? Ora fazem o favor de desandar da minha porta! *(Aparece à entrada.)* A minha coroa das

---

([149]) É provável que esta expressão, a que o Salsicheiro dá uma dimensão obscena, fosse proverbial no sentido de 'fazer de alguém o que se quiser'.

730 colheitas (^{150}), puseram-na em frangalhos. *(Reconhece o Paflagónio.)* Ó Paflagónio, que bicho te mordeu?

PAFLAGÓNIO

Foi por tua causa. Apanhei uma tareia. *(Aponta o Salsicheiro e o Coro.)* Foi este tipo e aquela rapaziada.

POVO

Mas porquê?

PAFLAGÓNIO

Porque te quero muito, Povo, porque estou doido por ti (^{151}).

POVO *(que se volta para o Salsicheiro)*

Mas quem és tu afinal?

SALSICHEIRO

735 Sou rival deste fulano. É uma paixão antiga esta que sinto por ti. Só quero o teu bem, como tanta outra gente fixe (^{152}). Mas não podemos fazer nada por causa deste gajo. Tu és igualzinho a qualquer rapaz que tem um apaixonado: os que são honestos e bem intencionados, não os aceitas; e é aos mercadores de tochas, 740 aos bate-solas, aos sapateiros e à gente dos curtumes que te entregas (^{153}).

(^{150}) A εἰρεσιώνη era uma coroa de folhagem, ornamentada com produtos da colheita (azeitonas, frutos, vinho e mel) e de fitas coloridas, que se dedicava a Apolo, durante o festival dos Pianépsios, realizado no Outono. Depois da festa, a coroa era suspensa na porta das casas (cf. *V.* 399, *Pl.* 1054), onde se mantinha até ao festival seguinte. *Vide* D. M. MacDowell, *Aristophanes. Wasps* (Oxford reimpr. 1978) 187; H. W. Parke, *Festivals of the Athenians* (London 1977) 76.
(^{151}) O empenhamento do demagogo em servir o povo manifesta-se em verdadeiros desvelos de apaixonado (cf. vv. 1163, 1341 sqq.), revelados em calorosas declarações. Para uma metáfora marinha, cf. Hdt. 3. 53; Ar. *Ach.* 143; Th. 2. 43.
(^{152}) Cf. *supra* nota 40.
(^{153}) Os mercadores de tochas encarnam no conhecido demagogo Hipérbolo, cf. *infra* vv. 1303-1315 e nota respectiva. Embora remendões e sapateiros possam referenciar

PAFLAGÓNIO

É preciso ver os favores que eu faço ao Povo.

SALSICHEIRO

Que favores, ora diz lá?

PAFLAGÓNIO

Quais? Quando os generais se puseram em debandada de Pilos ([154]), eu dei um salto até lá e trouxe os Lacedemónios como prisioneiros ([155]).

SALSICHEIRO

E eu fiz melhor: andava a dar uma volta, estava um tipo com   745
a panela ao lume, e eu bifei-lha de dentro da loja ([156]).

PAFLAGÓNIO

Pois bem, Povo, convoca já uma assembleia para saberes qual de nós dois te é mais dedicado e decide. É a esse que vais dar o teu amor.

SALSICHEIRO

Sim, sim, decide lá, mas que não seja na Pnix ([157]).

---

demagogos, para nós desconhecidos, os vv. 315-321 autorizam-nos a pensar que o visado é aqui Cléon; assim, as três últimas profissões referir-se-iam ao inimigo do Salsicheiro, na nossa comédia.

([154]) Cf. Introdução, pp. 7-8.

([155]) Cf. Introdução, p. 8, e nota 81.

([156]) O Salsicheiro pretende provar que, em matéria de roubo, não fica atrás do adversário. Se pensarmos que as lojas eram local de convívio e cavaqueira (cf. Lys. 24. 19-20; Isoc. 7. 15), poderemos perceber que não seria grande proeza aproveitar um momento de distracção do proprietário para lhe roubar o almoço.

([157]) Cf. *supra* nota 11.

POVO

750 Nunca eu me havia de sentar noutro lado. Vamos, em frente!
Toca a andar para a Pnix ([158]).

*(Afastam-se de casa e dirigem-se para um dos lados da cena,
convencionalmente a Pnix.)*

SALSICHEIRO *(à parte)*

Ai que desgraça esta! Estou perdido! O velho, em sua casa, é
um finório como não há outro. Mas quando se senta nesta rocha,
755 fica embasbacado como se estivesse a mascar figos ([159]).

CORO *(ao Salsicheiro)*

É chegado o momento de soltares todos os cordames, de
mostrares um espírito combativo e usares argumentos irrefu-
táveis, para que possas levar a melhor. Que o tipo é velhacório e,
760 se se vê em talas, dá por paus e por pedras para se desentalar. Por
isso, cai de rajada em cima do fulano. Vamos, põe-te em guarda,
e antes que ele se atire a ti, iça tu primeiro os golfinhos e encos-
ta a tua barca ([160]).

([158]) Os estudiosos dividem-se quanto à forma como, em cena, se representaria a
Pnix. Pickard-Cambridge, *The theatre of Dionysus in Athens* (Oxford reimpr. 1956)
60, imagina que alguns bancos, colocados a um lado da cena, seriam suficientes para
dar a necessária sugestão. Esta parece a solução mais simples e cómoda.
Sommerstein, *Knights*, 182, por seu lado, emite a hipótese da existência de um
rochedo natural junto à orquestra, que pudesse ser utilizado como colina. Por fim,
Dearden , *The stage of Aristophanes* (London 1976) 70 sq., recorre ao ἐχχύχλημα
para a dramatização desta cena.
([159]) As interpretações aventadas a propósito desta expressão multiplicam-se.
Numerosas são as que se referem a trabalhos de embalagem e armazenamento de
figos; teríamos então 'como se estivesse a esmagar figos', ao pretender acomodá-
-los em caixas. Os escólios associam a ideia de esmagar o figo à apicultura: era com
o fruto desfeito que o tratador alimentava as abelhas, durante o Inverno. De qualquer modo, pode estar subentendido que a monotonia destes trabalhos dê à
expressão de quem os executa um ar apalermado. Para a tradução, optei, no entanto, pela sugestão de Sommerstein, *op. cit.*, 183, que vê também nestas palavras a
sugestão do ar embasbacado que tem aquele 'que masca figos secos'.
([160]) O coro determina medidas ofensivas em linguagem náutica. Primeiro lançar
sobre o inimigo 'os golfinhos', massas de ferro ou chumbo desse formato, desti-
nadas a causarem estragos nas embarcações (cf. Pherecr. fr. 12K.-A.; Th. 7. 41. 2).

PAFLAGÓNIO

É à deusa Atena, que governa a nossa cidade, que eu faço esta
súplica: se me mostrei o melhor servidor do povo ateniense,   765
depois de Lísicles, Cina e Salabaco ([161]), que eu possa comer no
Pritaneu, como agora, por ... não ter feito nada ([162]). *(Ao Povo.)*
Mas se te odeio, se não luto por ti – a resistir sozinho –, que um
raio me parta, que eu rache ao meio e me faça em tiras ([163]).

SALSICHEIRO

Pois quanto a mim, Povo, se te não amo, se te não estremeço,
seja eu partido em postas e feito em guisado. E se não acreditas   770
no que te digo, seja eu, em cima desta mesa que aqui vês ([164]),
amassado com queijo num almofariz e, com um gancho ([165]),
arrastado pelos tomates para o Ceramico ([166]).

PAFLAGÓNIO

Mas onde se havia de desencantar um cidadão que te amasse
mais do que eu, Povo? Para começar, quando estava no
Conselho, arranjei-te grandes somas no erário público, a ator-   775
mentar uns, a esganar outros, a reclamar percentagens de outros,

---

Depois, a manobra de atracação, necessária para desembarcar e travar o combate, é
ao mesmo tempo uma atitude prudente e defensiva.

([161]) Sobre Lísicles, cf. *supra* nota 30. Cina e Salabaco são nomes de duas cortesãs
famosas. Cina é incluída no retrato que Aristófanes faz de Cléon, em *Vespas* e *Paz*,
pela semelhança de olhos que existe entre ambos (cf. *V.* 1032, *Pax* 755). Salabaco
é citada em *Th.* 805, num confronto, vantajoso para a cortesã, com o demagogo
Cleofonte.

([162]) Cf. *supra* nota 61.

([163]) Λέπαδνα são correias de couro; logo a imagem convém ao Paflagónio dos curtumes. O processo repete-se com o Salsicheiro, no v. 770.

([164]) Cf. vv. 152 e 155.

([165]) Este era um gancho usado pelos cozinheiros para tirarem a carne da panela; cf.
schol. ad loc. e *V.* 1155 sq.

([166]) O Ceramico era uma zona limítrofe da cidade, a noroeste da ágora, e em parte
já situada fora das muralhas. O seu nome provinha da actividade de olaria aí forte-
mente implantada; tornou-se, no entanto, no maior cemitério de Atenas. O escoliasta acrescenta que, na parte interna das muralhas, havia nesta zona um bairro de prostitutas. Naturalmente que as duas ideias se cruzam na afirmação veemente do
Salsicheiro.

sem querer saber de ninguém em particular, desde que fosse para te dar prazer (¹⁶⁷).

SALSICHEIRO

Isso, Povo, não é nada demais. É coisa que também eu posso fazer. Rapino o pão aos outros para to servir a ti. Mas ele não te ama nem te é fiel – e isso é o que te vou provar antes de mais 780 nada –, a não ser por uma única razão: para se aquecer à tua lareira (¹⁶⁸). E tu que, em defesa desta terra, terçaste espadas com os Medos em Maratona, e que com a tua vitória nos deste assunto para tanta eloquência – quer ele lá bem saber que estejas aí sentado, nessa pedra dura. Não é como eu, que te mandei fazer 785 esta almofada. Aqui a tens. Ora levanta-te lá. Senta-te agora bem fofinho, para não gastares essa coisa aí, que andou por Salamina (¹⁶⁹).

POVO

Ó tiozinho, mas quem és tu? Da linhagem do Harmódio (¹⁷⁰), se calhar. Seja como for, esta foi realmente, da tua parte, uma atitude generosa, de um amigo do povo.

PAFLAGÓNIO *(ao Salsicheiro)*

É então com essas bajulices saloias que lhe mostras a tua dedicação!

(¹⁶⁷) Ao Conselho competiam funções administrativas e económicas de primeira importância, como seja a cobrança de impostos, a punição dos prevaricadores, a repressão de infracções alfandegárias e comerciais. Sobre as atribuições do Conselho, *vide* G. Glotz. *La cité grecque*, 203-213. Como membro deste órgão governativo, Cléon reclama uma grande diligência na obtenção de fundos para o Estado, através do máximo rigor sobre os particulares. E acrescenta o suborno como um elemento natural da sua administração (τοὺς δὲ μεταιτῶν), confundindo os interesses do Estado com os seus próprios.

(¹⁶⁸) Isto é, para viver à tua custa.

(¹⁶⁹) O traseiro (sc. πύγην), dorido da posição do remador na batalha naval de Salamina.

(¹⁷⁰) Harmódio, juntamente com Aristogíton, tinha, em finais do séc. VI (514), assassinado Hiparco, irmão do tirano Hípias. Esse acto valeu-lhes o qualificativo de 'tiranicidas' e uma imensa popularidade, atestada nos escólios entoados em sua honra (cf. Ar. *Ach.* 980, 1093, *V.* 1225, fr. 444K.-A.; Antiph. fr. 85K.-A.). Ambos eram recordados como benfeitores e libertadores de Atenas da opressão dos tiranos.

SALSICHEIRO

E olha que tu foi com habilidades ainda mais saloias que estas
que o levaste à certa.

PAFLAGÓNIO *(ao Povo)*

Pois bem, aposto a minha cabeça em como nunca apareceu   790
um homem mais empenhado na causa do povo, ou mais teu
amigo do que eu.

SALSICHEIRO

Tu, amigo dele? Como pode ser isso? Um tipo como tu, que
o vês viver em pipos, em buracos e águas-furtadas, vai para oito
anos ([171]), e te ficas marimbando para isso! Depois de o teres
encurralado, ainda o chupas por cima ([172]). E quando Arqueptólemo ([173]) nos vem trazer a paz, atira-la aos quatro ventos. Os   795
embaixadores ([174]), corres com eles da cidade, a pontapés no traseiro, quando nos vêm oferecer tréguas.

PAFLAGÓNIO

É para ele governar sobre todos os Helenos ([175]). Dizem os
oráculos que o Povo há-de um dia ser heliasta na Arcádia, e receber cinco óbolos ([176]), se souber ter paciência. Seja como for, vou

---

([171]) Desde o início da guerra, em 431, que a população rural da Ática se vira obri-
gada, devido às incursões inimigas, a abandonar os seus campos e a procurar refúgio dentro das muralhas da cidade. Dos problemas de alojamento dessa superpopu-
lação nos dá igualmente conta Tucídides (2. 14, 17).

([172]) O sentido desta acusação é desenvolvido adiante, vv. 801-809.

([173]) Cf. *supra* nota 68.

([174]) Já em anos anteriores ao caso de Pilos, os Lacedemónios haviam tentado negociar, através dos seus embaixadores, um tratado de paz (cf. Th. 4. 17-22). Apesar de
mal sucedidos, não desanimaram e com frequência insistiram nos seus propósitos
(Th. 4. 41. 4), acrescidos agora do desejo de retomarem Pilos e resgatarem os prisioneiros que Cléon trouxera.

([175]) Esta ideia da supremacia de Atenas sobre toda a Grécia, que reaparece nos vv.
1330 e 1333, parece inconsequente, num momento em que a sorte das armas e o
poderio das forças espartanas em terra contrariavam uma vantagem indiscutível da
'cidade coroada de violetas'.

([176]) Estas afirmações, confirmadas parodisticamente pelos oráculos (sobre a
importância dos oráculos nestes anos de guerra, cf. *supra* nota 18), são utópicas e

800   sustentá-lo e tratar dele. Porque hei-de descobrir, a bem ou a mal,
        a maneira de lhe garantir o trióbolo.

SALSICHEIRO

        Não é o ele 'governar' a Arcádia que te preocupa – macacos
        me mordam se é isso! O que tu queres é rapinar à vontade, rece-
        ber subornos das cidades aliadas ([177]), e que o Povo, com a guer-
        ra e a poeira que ela levanta, não veja as trafulhices que tu fazes;
        antes por miséria, por necessidade e falta de salário, ande atrás
805   de ti como um cordeirinho. Mas se chegar o dia em que ele possa
        regressar aos campos para viver em paz, revigorar-se a comer
        espigas e dar dois dedos de paleio com um bom bagaço, é que vai
        reconhecer quanta coisa boa lhe roubavas, à pala do soldo ([178]).
        Então, lavrador de maus fígados como é, há-de vir por aí na peu-
        gada da pedrinha, para votar contra ti. E tu sabe-lo bem. É por
        isso que lhe fazes o ninho atrás da orelha e vens com a cantiga
        de que sonhas com ele ([179]).

PAFLAGÓNIO

810   Mas é o cúmulo que fales de mim nesses termos e me venhas
        difamar, diante dos Atenienses e do Povo, a mim que já prestei à
        cidade – caramba! – mais serviços do que Temístocles ([180]). Sim,
        muitos mais!

---

demagógicas. Instalar-se na Arcádia era, para as forças de Atenas, o impossível
neste momento. O próprio acesso, feito por terra, excluiria à partida tal hipótese. No
entanto, é lógico pensar que, se tal campanha se pudesse empreender, as vantagens
económicas que daí adviriam poderiam trazer melhorias nos salários; e o Paflagónio
concretiza imediatamente estas vantagens no vencimento dos juízes, actividade de
especial agrado entre os Atenienses (cf. v. 50. 1089. *Nu.* 207 sqq., *Pax* 54 sqq., *V.
passim*). Sobre o trióbolo, cf. v. 51 e *supra* nota 14.
([177]) Cf. vv. 930-933, 1408. *V.* 669-677.
([178]) Cf. Th. 5. 16. 1.
([179]) Cf. vv. 1090 sq. Julgo razoável entender, com Sommerstein, *op. cit.*, 187, que
alguma vez Cléon, na assembleia, tivesse recorrido a um sonho promissor de bons
sucessos para fundamentar a sua política. Este argumento, mesmo que utilizado uma
só vez, prestava-se à caricatura cómica.
([180]) Recorrendo aos lucros da exploração das minas de prata do Láurion,
Temístocles dotara, no ano de 480, a cidade de Atenas da sua maior força, uma
armada organizada, que dera provas imediatas ao derrotar, sob sua orientação, a

SALSICHEIRO *(a declamar)*

'Ó cidade de Argos, pasma com o que ouves!' ([181]) Tu comparares-te a um Temístocles, que encontrou a nossa cidade pelo meio, e a encheu até às bordas! E mais ainda, que, por cima do almoço, lhe serviu o Pireu de sobremesa, e sem nada tirar da de antigamente, lhe apresentou pescaria nova. E tu? Tu procuraste converter os Atenienses em cidadãos atrofiados, a ergueres barreiras e a proclamares oráculos ([182]). Com que então rival de

815

---

poderosa esquadra dos Persas. Este fora sem dúvida, da parte do estratego, um serviço relevante. Plutarco (*Them.* 19. 3) considera que tal medida teve o poder de transformar uma Atenas agrícola numa potência naval. Este despertar da cidade para uma utilização plena do mar preparou-a não só para defrontar o inimigo, como para impulsionar uma importante actividade comercial, para que a própria localização geográfica a vocacionava. A resposta interna foi o surgir de uma nova classe industrial, atraída pelas novas possibilidades de escoamento para os seus produtos, que abriu caminho a uma sociedade que não era já a das poderosas famílias aristocráticas do passado. O nosso texto insiste (vv. 814-816) na importância da intervenção de Temístocles no desenvolvimento desta força bélica, que havia de revelar toda a sua importância ao longo do século.

Todo este passo, construído com recurso à linguagem gastronómica, situa Temístocles numa cidade próspera, que o almirante culminou de mais benefícios. A uma Atenas que 'tinha almoço' e 'boa pescaria', Temístocles acrescentou, de sobremesa, o porto do Pireu, que constituiu uma realização paralela ao reforço da armada (cf. Th. 1. 93. 3-7) e, sem lhe tirar as regalias de que já dispunha, acrescentou outras. Dentro do sentido mais ou menos claro dos vv. 815-816, parece poder encontrar-se uma solução para o significado controverso do v. 814 e do adjectivo ἐπιχειλῆ aí inserido. As interpretações oscilam entre a ideia de 'vazio' (cf. J. Taillardat, *Les images d'Aristophane* (Paris ²1965) 397, e a de 'bastante cheio', num nível inferior a μεστήν, que equivaleria a 'transbordar' (cf. Liddell-Scott, *A Greek-English Lexicon, s. v.*; R. A. Neil, *Knights*, 118). Sem dúvida que a segunda se integra de modo perfeito no sentido dos versos seguintes: a uma Atenas 'já cheia', Temístocles 'acrescentou-a até às bordas'. Para a intervenção desta personalidade na vida social e política de Atenas, cf. B. Jordan, *The Athenian navy in the classical period* (Berkeley and Los Angeles 1975) 16-20.

([181]) Estas palavras são uma citação de Eurípides, *Telephus* fr. 713 N², de novo repetidas em Ar. *Pl.* 601.

([182]) Inversamente à política de Temístocles, a de Cléon contribuiu para atrofiar a cidade. A expressão 'erguer barreiras' pode ser entendida como 'criar dissensões internas', e nesse sentido aproxima-se da conhecida metáfora das enguias (vv. 864-867) e de *V.* 41; ou ainda, mais literalmente, como uma alusão a qualquer projecto, proposto por Cléon, de reforçar a cintura das muralhas de Atenas, como protecção contra um eventual ataque inimigo. O recurso aos oráculos, de que os vv. 797 sq. são um exemplo, era um processo cómodo de aliciar o povo ateniense para a prossecução da guerra que, em vez de lhe trazer os prometidos benefícios, antes, dia a dia, cavava mais fundo a sua ruína.

Temístocles, hem?! Pois ele está exilado desta terra, e tu limpas as mãos a pão-de-ló ([183]).

PAFLAGÓNIO

820 Não é o cúmulo, Povo? Ouvir tais coisas deste fulano, só porque te sou dedicado?

POVO *(ao Paflagónio)*

Basta, ouviste? Chega de desaforo! Há já tempo demais que me tens andado a tramar pelas costas! E continuas!

SALSICHEIRO

Esse gajo é um canalha, meu querido Zé-Povinho ([184]), com um repertório sem fim de trampolinices. Quando te vê pasmado,
825 arranca os talos aos magistrados que prestam contas e vá de encher o bandulho ([185]). É vê-lo, com ambas as mãos, a rapar o fundo ... ao erário público.

PAFLAGÓNIO

Não te vais ficar a rir. Vou-te provar que roubaste trinta mil dracmas.

([183]) Temístocles, sob a acusação de traição (cf. Th. 1. 135-136), havia sido condenado a exílio perpétuo, e proibido o seu enterramento em solo ateniense (Th. 1. 138. 6). Esta a justificação para o facto de Temístocles ser considerado ainda um exilado (φεύγει) em 424. No entanto, anos mais tarde, os seus restos mortais acabaram por vir repousar no Pireu, onde um túmulo e um monumento lhe perpetuaram a memória (cf. Plu. *Them.* 32. 4-5). Enquanto um benfeitor da pátria era tão injustamente tratado, que se passava com Cléon, o condutor do povo para a derrota? 'Tu limpas as mãos a pão-de-ló! Ἀχιλλῆις era o nome de um pão mais fino que, segundo o escoliasta, se servia aos hóspedes do Pritaneu. Logo o Salsicheiro está a acusar Cléon de se dar ao luxo de abusar das regalias que lhe são concedidas. Para o hábito de limpar as mãos a miolo de pão, cf. v. 414 e *supra* nota 87.

([184]) Δημαχίδιον é um derivado de Δῆμος, com dois sufixos coloquiais de conotação divergente: -αξ contém um tom pejorativo (cf. *Ach.* 763, *Nu.* 1367, *V.* 673), -ίδιον um valor afectivo. Pode assim traduzir eficazmente afeição por um povo ingénuo e desprotegido.

([185]) Os 'talos' são as partes carnudas, aquelas que o Paflagónio chama a si. A metáfora alude ao suborno, que Cléon exige dos magistrados na prestação de contas (cf. vv. 259 sq. e *supra* nota 56), para encobrir qualquer irregularidade. E assim os bens que deviam regressar ao erário público caem nas mãos do demagogo.

SALSICHEIRO

De que te serve malhar em ferro frio ([186])? Se tu és o maior   830
safado que o povo ateniense já conheceu! Mais ainda: vou
mostrar também – morto seja eu se o não faço! – que recebeste à
socapa, de Mitilene, mais de quarenta minas ([187]).   835

CORO *(ao Salsicheiro)*

Tu que a todos apareceste como a salvação, invejo-te a eloquência. A atacares assim, hás-de ser o maior dos Helenos; sozinho, vais governar a cidade e comandar os aliados, de tridente
em punho ([188]), com que hás-de arranjar muita massa, à força de   840
sacolões e de balbúrdia. E não largues o fulano, que ele já te
mostrou um ponto fraco. Vais arrasá-lo com uma perna às costas,
que bofes tens tu de primeira.

PAFLAGÓNIO

Não, meus amigos, as coisas ainda não chegaram a esse   845
ponto, caramba! Tenho na mão um trunfo capaz de tapar a boca
a todos os meus inimigos, enquanto sobrar alguma coisa dos
escudos de Pilos ([189]).

([186]) O texto diz literalmente: 'De que te serve bater na água com a pá do remo?', no
sentido de 'perder o seu tempo'.

([187]) Na reunião da assembleia do povo, que pretendeu decidir o destino de Mitilene,
após a revolta de 428, Cléon fez precisamente esta acusação contra o seu opositor
Diódoto (cf. Th. 3. 38. 2). Nessa assembleia, o demagogo pugnou pela execução ou
pela redução à escravatura de toda a população de Mitilene (Th. 3. 36-40), tendo
apenas conseguido a execução dos principais implicados na revolta (Th. 3. 50. 1). É
sabido, por outro lado, que os embaixadores de Mitilene tudo tentaram para evitar o
fatal decreto, proposto por Cléon; e é de crer que o suborno do demagogo se
incluísse entre as diligências empreendidas. Por não ter levado a cabo os seus objec-
tivos, Cléon mereceu esta acusação irónica da parte do Salsicheiro – é a interpretação, talvez sensata, de Sommerstein (*op. cit.*, 189). Senão como opor quarenta
minas (quatro mil dracmas) às trinta mil da acusação de que acabava de ser vítima?
Ou quererá Aristófanes dizer que Cléon se vendia por qualquer preço? Sobre as circunstâncias que rodearam a revolta de Mitilene e sua punição, *vide The Cambridge
Ancient History*, V (Cambridge reimpr. 1969) 213-218.

([188]) Como Posídon que, com o tridente, abala as profundezas da terra.

([189]) Os escudos capturados aos Lacedemónios, em Pilos, foram pendurados na
ágora, no pórtico conhecido por Στοὰ ποικίλη, e aí ficaram durante séculos, já que
Pausânias afirma tê-los visto nesse lugar (1. 15. 4), juntamente com outros.

SALSICHEIRO

Pego-te nessa dos escudos. Foi uma deixa que me deste! Não precisavas, se é verdade que amas o povo, de deliberadamente os deixares pendurar com boldriés e tudo ([190]). Mas isso, Povo, é um estratagema – para, no caso de lhe quereres dar o castigo, ficares de mãos atadas. Vês essa multidão à volta dele, essa garotada dos curtumes? Pois em redor deles vivem os vendedores de mel e de queijo ([191]). Todos, de cabeças unidas, conspiram ao ouvido. De modo que, se tu rosnasses ou quisesses brincar ao ... jogo do caco ([192]), eles corriam pela calada da noite a soltar os escudos e a boicotarem os acessos ao nosso mercado.

850

855

POVO

Ai que desgraça! Os boldriés estão nas mãos deles? *(Ao Paflagónio.)* Ah miserável, há quanto tempo me andavas a levar à certa! Enganavas o povo que era uma limpeza ([193]).

([190]) O facto de um escudo votivo conservar a barra de bronze, que permitia ao guerreiro suspendê-lo com o braço e logo usá-lo em combate, era sinal de que o escudo estava pronto a ser utilizado em qualquer momento. Crítias (fr. 37 D.-K.) dá notícia do hábito espartano de retirar o boldrié, quando se arrecadava o escudo em casa. Pausânias confirma que os escudos votivos não deviam ter esses acessórios (cf. 6. 27. 3, 10. 19. 4).

([191]) Os negociantes agrupavam-se no mercado conforme os produtos que comercializavam. Segundo o texto, vendedores de curtumes, de mel e de queijo situavam-se junto uns dos outros. Entre todos eles, Cléon recrutava muitos dos seus partidários, uma força unida e poderosa em torno do demagogo. Situados num ponto estratégico da cidade, o mercado, estes populares a qualquer momento podiam deitar mão aos famosos escudos, suspensos na στοὰ ποικίλη (cf. *supra* nota 189), e boicotar o acesso ao mercado, o mesmo é dizer, ao abastecimento diário, demovendo, por este meio persuasivo, o povo de uma decisão que prejudicasse o seu partido.

([192]) Este jogo infantil exigia dois grupos de rapazes. Com um caco com uma face negra, lançado ao ar, se decidia qual dos grupos devia perseguir o outro (cf. Pl. Com. fr. 168K.-A.; Pl. *Phdr.* 241b). Naturalmente que o 'jogo do caco', praticado pelo povo, é o ostracismo, que podia excluir de Atenas um cidadão por um período de dez anos, desde que o povo, gravando o seu nome sobre um caco, decidisse a sua expulsão. Este processo de depuração política, frequente na primeira metade do séc. V, rareou no último quartel do mesmo, embora teoricamente o povo continuasse a dispor do seu voto de exílio. Para mais pormenores, *vide* G. Glotz, *op. cit.*, 180-183.

([193]) Sobre o termo, vulgar na linguagem do comércio, χρουσιμετρεῖν 'roubar na medida', Aristófanes cria χρουσιδημεῖν 'enganar o povo'.

PAFLAGÓNIO

Meu caro amigo, não dês ouvidos ao que ele diz, nem julgues que hás-de encontrar um amigo melhor do que eu. Por minha conta e risco corri com os conspiradores, e nenhuma trama se prepara na cidade que me passe despercebida ([194]). É só cheirar--me a alguma coisa e ponho-me logo a ladrar. 860

SALSICHEIRO

Estás como os pescadores de enguias ([195]). Quando o lago está parado, não pescam nada. Mas, se remexerem a lama de baixo para cima, fartam-se de pescar. Também tu apanhas sempre qualquer coisa, se virares a cidade do avesso. Ora responde-me só a esta pergunta: já alguma vez deste ao Povo – tu que te dizes amigo dele – um pedacinho de couro lá da tua loja, para consertar os sapatos? 865 870

POVO

Nem nada, com a breca!

SALSICHEIRO *(ao Povo)*

Agora já sabes quem ele é. Pois eu comprei-te este par de sapatos. Aqui os tens, prontos a usar.

POVO *(que calça os sapatos)*

Considero-te, de todos os homens que conheço, o mais amigo do povo e o mais dedicado à cidade e aos meus pés.

PAFLAGÓNIO

E esta?! Não é o cúmulo que um par de sapatos tenha tanta 875

([194]) Cf. *supra* nota 48.
([195]) Aristófanes, em *Nu.* 559, documenta o êxito desta metáfora, ao lamentar que os seus rivais menos talentosos se tenham apropriado dela sem escrúpulos, no ataque cerrado que empreenderam contra o sucessor de Cléon, Hipérbolo.

força, que faça esquecer tudo o que fiz por ti? Eu que acabei com os maricas, ao riscar Grito da lista dos cidadãos ([196]).

SALSICHEIRO

880 Ora com franqueza! Não é o cúmulo que te armes em inspector de rabos e te gabes de ter acabado com os maricas? Só se for por dor de cotovelo que acabaste com eles, para que se não tornassem políticos ([197]). E este querido amigo – com a idade que tem – via-lo sem camisa, e nunca achaste o povo digno de uma camisa com mangas, mesmo no inverno. Pois bem, sou eu quem ta dou. Aqui a tens! *(Entrega a camisa ao Povo, que a veste.)*

POVO

885 Uma ideia assim, nem pela cabeça do próprio Temístocles passou nunca ([198]). É certo que foi um bom golpe aquela história do Pireu. Mas, a meu ver, nada que se pareça com o achado que é esta camisa.

PAFLAGÓNIO

Que azar o meu! Com que macaquices me queres passar a perna!

SALSICHEIRO

Nada disso. Estou só a servir-me das tuas próprias armas – como um tipo num banquete, se lhe dói a barriga, agarra nas chinelas do vizinho ([199]).

([196]) Cléon arvora-se em defensor dos bons costumes e refere um caso de *atimia* a penalizar um homossexual (cf. Aeschin. 1, *Contra Timarco*). Certo tipo de actuação sexual era sujeito a processo judicial, que podia acarretar a perda de direitos civis para o cidadão, entre os quais o direito de voto e de se pronunciar na assembleia e no tribunal (cf. D. M. MacDowell, *The law in classical Athens* (London 1978) 74 sqq.
([197]) É vulgar na comédia esta acusação de maus costumes contra os políticos: cf. vv. 167, 423-428, 1242, *Nu.* 1093 sq., *Ec.* 112 sq.; Pl. Com. fr. 202K.-A.; Pl. *Smp.* 192a.
([198]) Cf. *supra* nota 180.
([199]) Durante os banquetes, os convivas mantinham-se reclinados no leito, de pés descalços; se tinham necessidade de sair da mesa, calçavam chinelos.

PAFLAGÓNIO

Mas não me hás-de vencer em bajulice. Vou-lhe enfiar este 890
casaco. *(Tira o seu próprio casaco e prepara-se para o vestir ao Povo.)* E tu, morde-te à vontade, desgraçado.

POVO *(rejeitando o casaco)*

Pf! Vai para o raio que te parta, tu mais esse fedor a couro!

SALSICHEIRO

O que o tipo queria era embrulhar-te nele para te asfixiar. E não foi a primeira vez que te armou uma cilada. Lembras-te daqueles pés de sílfio que apareceram aí ao preço da chuva (²⁰⁰)? 895

POVO

Lembro-me perfeitamente.

SALSICHEIRO

Foi de propósito que ele arranjou com que ficassem tão baratos, para vocês os comprarem e comerem; de modo que depois no tribunal os juízes, com os traques, se envenenassem uns aos outros.

POVO

Ah caramba! Foi isso mesmo que me disse um fulano ... da Cagadócia (²⁰¹).

(²⁰⁰) Esta é uma planta hoje não rigorosamente identificada, oriunda de Cirene, que já Plínio considerava rara (*HN* 19. 39). O seu caule era apreciado como vegetal (cf. Eub. fr. 6. 3K.-A.) e usado como condimento (*Av.* 534, 1582, 1585, *Ec.* 1171). Naturalmente que, como produto importado que era, não se esperaria que fosse vendido a baixo preço. Além da aplicação culinária, o caule do sílfio era usado como purgante (Thphr. *HP* 6. 3. 1).

(²⁰¹) Κόπρος, que podia significar 'excremento', era também o nome de um *demos* situado nas proximidades de Elêusis; logo a palavra é aqui portadora do seu duplo sentido. Optei, na tradução, por Cagadócia, procurando estabelecer o mesmo jogo com o topónimo Capadócia, de modo que o valor escatológico da palavra se mantivesse patente.

SALSICHEIRO

900 Querem lá ver que foi por causa dos traques que vocês ficaram tão afogueados?

POVO

Foi uma de cabo-de-esquadra, cum raio ([202])!

PAFLAGÓNIO *(ao Salsicheiro)*

Ah malvado, é com patacoadas dessas que queres arrumar comigo?!!!

SALSICHEIRO

São ordens da deusa: que te vencesse em parlapatice.

PAFLAGÓNIO

905 Mas não me hás-de vencer, não! Povo, prometo arranjar-te, sem precisares de mexer um dedo, um prato de … salário para munquires.

SALSICHEIRO

Pois eu dou-te um frasquinho de remédio para esfregares nos arranhões que tens nas canelas.

PAFLAGÓNIO

E eu arranco-te as brancas e transformo-te num jovem.

([202]) O texto grego proporciona um trocadilho entre πυρροί, que traduz a manifestação exterior da dor de barriga (cf. *Ec.* 1060 sq.), e o nome próprio Πύρρανδρος, que já os comentadores antigos não sabiam identificar. Alguns estudiosos modernos (Sommerstein, Neil) inclinam-se – com acerto, segundo creio – para a interpretação das palavras Πυρράνδρου μηχάνημα como uma expressão proverbial para traduzir 'uma habilidade à Pirrandro', 'uma de cabo-de-esquadra'. Pirrandro, um nome próprio vulgar, funcionaria como o Amigo Silva, protagonista entre nós de uma infindável colecção de anedotas.

SALSICHEIRO

Toma lá, aqui tens este rabo de lebre para limpares esses olhinhos queridos.

PAFLAGÓNIO

Assoa-te, Povo, e limpa os dedos aos meus cabelos.   910

SALSICHEIRO

Não, antes aos meus.

PAFLAGÓNIO

Não, aos meus. *(Ao Salsicheiro.)* Vou-te fazer trierarco, e vais ter de puxar pelos cordões à bolsa. Arranja-se um barco bem velho, que te leve a massa toda em reparações sem fim. E mais,   915 hás-de aguentar com uma vela podre ([203]).

SALSICHEIRO

Lá está o tipo a ferver! Chega, chega! Já deita por fora. Tem   920 de se lhe tirar umas brasas e escoar-se-lhe as ameaças com isto aqui ([204]). *(Finge fazer uma concha com as mãos.)*

([203]) A trierarquia era um encargo público que o Estado lançava sobre os cidadãos abastados, por sugestão dos generais (cf. D. 35. 48, 39. 8; Arist. *Ath. Pol.* 61. 1). Cléon, de facto, veio a ocupar o cargo pouco depois (cf. *Nu.* 581 sqq.), o que lhe dá autoridade para lançar esta ameaça sobre o Salsicheiro, como se ele fosse realmente um homem rico. Ao Estado competia fornecer o barco, que o trierarco ficava encarregado de manter. Para aumentar os encargos da sua vítima, Cléon promete-lhe um barco em ruínas, que exija reparações profundas e intermináveis (atitude que o escoliasta dá como vulgar entre os estrategos, em relação aos seus inimigos). Mais tarde, o processo do sorteio substituiu a arbitrariedade dos generais. *Vide* D M. MacDowell, *The law in classical Athens*, 161; B. Jordan, *The Athenian navy in the classical period*, 61-70. Por outro lado, a comédia dá notícia das tentativas de fuga, por parte dos cidadãos ricos, ou mesmo de actos de sabotagem para evitar os gastos impostos pelos cargos: cf. *Pax* 1234, *Ra.* 1065 sq.

([204]) 'Com isto aqui' pressupõe ou um gesto com a mão, que imite uma escumadeira, ou simplesmente o recurso a esse objecto, que o Salsicheiro tivesse entre os instrumentos de trabalho com que se apresentou em cena.

PAFLAGÓNIO

925 Mas tu pagas-mas, olá se pagas! Ainda te hei-de ver esmagado de impostos. Porque vou ter o cuidado de te inscrever na lista dos ricos ([205]).

SALSICHEIRO

Pois bem, por meu lado acabaram-se as ameaças. Só faço este
930 voto: que a tua sertã, cheia de lulas, esteja ao lume a estalar; e que tu, pronto para apresentares uma proposta sobre o caso dos Milésios ([206]) – que, se fores bem sucedido, te há-de trazer um
935 talento de lucro –, estejas em ânsias de te empanturrares de lulas, para ainda chegares à assembleia a tempo e horas. Pois que nessa altura, antes de teres comido, chegue um fulano qualquer ([207]); e
940 que tu, na pressa de apanhares o tal talento, te entales com a comezaina.

CORO

Bem feita, por Zeus, por Apolo, por Deméter ([208])!

POVO

Também acho. De resto, este camarada parece-me um
945 cidadão às direitas, um homem como já há muito tempo não aparecia outro, em defesa dessa cambada de pataqueiros ([209]).

([205]) As εἰσφοραί eram impostos extraordinários, lançados sobretudo com vista à recolha de fundos para a guerra. Os cidadãos eram recenseados segundo as suas posses para assim serem mais ou menos onerados.

([206]) Cf. *supra* nota 73.

([207]) Que o vem buscar para seguirem juntos para a assembleia, sinal de que a sessão está prestes a começar.

([208]) Este é um momento em que Aristófanes recorre à prosa, o que os escólios consideram prática de alguns comediógrafos, nomeadamente Êupolis. O nosso poeta fá--lo em momentos determinados, como ritos religiosos (*Ach.* 237, 241, *Av.* 864-888), proclamações de arautos (*Ach.* 43, 61) e citações de leis (*Av.* 1035 sqq., 1661-1666). Segundo o testemunho de Pólux (8. 122), a fórmula aqui reproduzida era usada com toda a solenidade no tribunal.

([209]) A 'cambada de pataqueiros' é a massa popular, que Demos menospreza, embora ele seja na peça o símbolo desse mesmo povo.

Enquanto tu, Paflagónio, a dizeres que me querias bem, me deste volta ao miolo. Vamos, passa para cá o meu anel; de hoje em diante, deixas de ser meu intendente ([210]).

PAFLAGÓNIO

Aqui o tens. Mas fica a saber que, se me não deixas governar a casa, ainda te há-de aparecer outro mais trafulha do que eu. 950

POVO *(que examina o anel)*

Mas o que é isto? Este anel não é o meu. O sinete parece outro. *(Mostra-o ao Salsicheiro.)* Ou será que não estou a ver bem?

SALSICHEIRO

Mostra cá! Qual era o teu sinete?

POVO

Um rissol de carne, cozinhado a preceito ([211]).

SALSICHEIRO

Não é isso que aqui está. 955

POVO

Não é um rissol? Então o que é?

([210]) O servo que dispõe do anel com sinete do patrão funciona como seu procurador, o que naturalmente é uma situação de privilégio.
([211]) O sinete usado pelo Povo é alusivo às limitações dos seus ideais: um bom rissol – e o Povo está satisfeito (cf. vv. 51 sq.). De resto, o recheio (δημοῦ βοείου 'banha de boi') lembra o nome do próprio proprietário do anel, Δῆμος. Este tipo de petisco, que consiste em uma folha de figueira enrolada com recheio de carne, miolos ou queijo é um prato popular entre os Gregos, mesmo ainda nos nossos dias.

SALSICHEIRO

Uma gaivota, de bico escancarado, a arengar em cima de um rochedo ([212]).

POVO

Ai, que desgraça a minha!

SALSICHEIRO

O que é?

POVO

Leva-o para longe da minha vista. Não era o meu que ele tinha, era o de Cleónimo ([213]). *(Tira outro anel e dá-o ao Salsicheiro.)* Dou-te este: toma. Passas a ser o meu intendente.

PAFLAGÓNIO

960 Ainda não, meu senhor, por favor. Primeiro tens de ouvir os meus oráculos.

SALSICHEIRO

E os meus também.

([212]) Ao sinete do patrão, o Paflagónio substituíra o seu próprio: uma gaivota, símbolo da voracidade (cf. *Nu.* 591, *Av.* 567), sobre um rochedo, a Pnix (cf. vv. 312, 754), em discursos intermináveis.

([213]) Os gracejos contra Cléonimo tornaram-se um lugar-comum na comédia; pelo seu apetite desenfreado, que fazia dele um homem obeso (*Ach.* 88, *Eq.* 1290-1299); por demagogia, como no passo em questão; perjúrio (*Nu.* 400); efeminação (*Nu.* 672 sqq.); mas sobretudo pela cobardia de que dera mostras ao abandonar o escudo no campo de batalha (*Nu.* 353 sq., *Av.* 1473-1481, *V.* 19-23, *Pax* 444-446, 670-678, 1295-1304).

PAFLAGÓNIO

Se te deixas ir na cantiga, ainda hás-de ser esfolado vivo ([214]).

SALSICHEIRO

E se te deixas ir na dele, ainda hás-de acabar capadinho da silva.

PAFLAGÓNIO

Pois aqui os meus oráculos dizem que hás-de dominar a terra   965
inteira, coroado de rosas.

SALSICHEIRO

E os meus dizem que tu, de túnica de púrpura bordada e de coroa na cabeça, em cima de um carro de ouro, hás-de perseguir … a Esmícita e o seu mais-que-tudo ([215]).

POVO *(ao Salsicheiro)*

Bom, vai lá buscá-los, *(aponta o Paflagónio)* que este tipo   970
aqui precisa de os ouvir.

SALSICHEIRO

É para já.

([214]) Literalmente 'ainda te hás-de transformar num odre' (cf. *Nu.* 442). O texto alude a dois oráculos bem conhecidos na época (*vide* Plu. *Thes.* 24. 5) que assimilavam Atenas a um odre, sempre capaz de flutuar num mar revolto ainda que sacudida pela fúria das ondas.

([215]) O trajo aqui descrito é de um grande luxo e ostentação. A túnica de púrpura bordada tinha o requinte do oriente e causava, na Atenas da época, uma certa estranheza (cf. Ath. 534c). O diadema é um acessório feminino (cf. *Ec.* 1034), que completa o exótico da apresentação de um efeminado. O verbo διώχω acumula o sentido de 'perseguir' no campo de luta e de 'processar' no tribunal. Pelo escólio ficamos a saber que a vítima desta perseguição é um efeminado, que vê o seu nome, Σμίχυθος, jocosamente substituído pelo feminino Σμιχύθη (cf. *Nu.* 680, 690), juntamente com o seu companheiro de devassidão. O nome de Esmícito, de resto vulgar, aparece-nos na época usado por duas figuras públicas: um membro do Conselho, em 427 (*SEG* X 69, XIII 8), e um secretário do tesouro de Atena, em 424 (IG I² 241. 102), que podem aliás ser uma única e mesma pessoa. Qualquer uma destas figuras é um possível alvo da invectiva de Aristófanes.

POVO

E tu, traz também os teus.

PAFLAGÓNIO

Está bem.

SALSICHEIRO

Está bem, caramba! Porque não?!

(Saem ambos.)

CORO

975   Bem doce há-de ser a luz deste dia para os que habitam na cidade e para os nossos visitantes, se Cléon ficar arrumado. Se bem que ouvi uns velhos ([216]), dos mais caturras, no mercado dos
980   processos ([217]), a defenderem que, se ele se não tivesse tornado o homem poderoso desta cidade, teríamos de passar sem dois instrumentos de primeira necessidade, o almofariz e a colher de
985   pau ([218]). Mas o que mais admiro nele são as artes suínas que o fulano tem ([219]). Os miúdos que frequentavam a escola com ele dizem que muitas vezes só conseguia afinar a lira à maneira dóri-
990   ca, e que se recusava a aprender outra; então o mestre irritava-se

---

([216]) Estes 'velhos' são os juízes (cf. *Ach.* 375 sq., *V.* 224), em grande parte o sustentáculo político de Cléon (cf. *V. passim*).

([217]) Δεῖγμα era o mercado onde os vários produtos eram expostos para venda; no Pireu havia um edifício famoso com esta função, onde por certo se podiam adquirir produtos de importação trazidos pelos navios (cf. X. *HG* 5. 1. 21). O armazém de processos pode ser, em termos gerais, o tribunal, ou mais concretamente o local onde se afixavam informações sobre os processos em curso (*vide* R. A. Neil, *op. cit.*, 137).

([218]) Aristófanes utiliza uma metáfora que virá a retomar com amplitude em *Paz*, onde Cléon e o general espartano Brásidas são referidos como o pilão com que a Guerra pretende esmagar as cidades gregas (vv. 259-284). Em ambos os casos, o pilão é o utensílio com que se esmaga algo, que traz destruição e ruína; a colher de pau, como instrumento para mexer e misturar, é o símbolo da confusão e da agitação.

([219]) O porco era, para os Gregos, o símbolo da estupidez e da ignorância (cf. *Pax* 928; Pherecr. fr. 271K.-A.; Call. Com. fr. 38K.-A.).

e mandava-o embora; raio de rapaz aquele que não sabia outra   995
que não fosse a d'our ... ica ([220])!

PAFLAGÓNIO *(que regressa carregado de oráculos)*

Aqui tens. Olha! E ainda os não trouxe todos.

SALSICHEIRO *(que regressa também, ainda mais carregado)*

Ai que eu faço pelas pernas abaixo ([221])! E ainda os não trouxe todos.

POVO

O que é isso aí?

PAFLAGÓNIO

Oráculos.

POVO

Tudo isso?

([220]) Como é sabido, os Gregos davam à música um papel relevante na educação mais elementar do espírito. Logo, a aprendizagem musical, juntamente com a ginástica, figurava em paralelo com os rudimentos de escrita e leitura no nível primário da escolaridade mais tradicional (*vide* H. Marrou, *Histoire de l'éducation dans l'Antiquité* (Paris [6]1965) 80 sqq. Dos vários modos musicais conhecidos na música grega, o dórico era considerado o mais sério e digno, de poderoso efeito educativo e moralizante. Perante o avanço dos modelos orientais, de ritmos mais complexos e sofisticados, o dórico assumiu-se como o símbolo da harmonia nacional grega. Cf. M. Pintacuda, *La musica nella tragedia greca* (Cefalù 1978) 53. Não era, no entanto, a pureza moral do modo dórico que atraía o jovem Cléon, mas a semelhança que existia entre a sua designação e a ideia de suborno, δῶρα (cf. v. 529, Δωρώ).

([221]) Aristófanes explora de passagem o estratagema do escravo carregado, que serve de motivo à cena de abertura de *Rãs* (vv. 1-20): sob o peso da carga, o servo desenrola uma série mais ou menos longa de queixumes de tipo obsceno. Este processo havia-se tornado banal no teatro cómico mais popular, sem por isso deixa de obter sucesso seguro. Para outros exemplos do uso deste processo, cf. *Nu.* 293-296, frs. 339, 340K.-A.

PAFLAGÓNIO

1000 Admiras-te? Pois olha que ainda tenho uma caixa cheia.

SALSICHEIRO

E eu um sótão e dois armazéns.

POVO

Ora bem, vamos lá a ver. De quem são esses oráculos, afinal?

PAFLAGÓNIO

Os meus são de Bácis ([222]).

POVO *(ao Salsicheiro)*

E os teus, de quem são?

SALSICHEIRO

De Glânis ([223]), o irmão mais velho de Bácis.

POVO *(ao Paflagónio)*

1005 Esses aí, falam de quê?

PAFLAGÓNIO

De Atenas, de Pilos, de ti, de mim, de tudo em geral ([224]).

([222]) Cf. *supra* nota 28.

([223]) Glânis é um nome inventado, que corresponde a um peixe semelhante ao sável. Não podemos saber se, por trás do absurdo da invenção, existe qualquer outra referência a algo de que este peixe fosse o símbolo, dado que a simbologia animal era corrente entre os antigos (cf. *supra* nota 219; cf. Taillardat, *Les images d'Aristophane*, *e. g.,* §§318, 520-523, 713).

([224]) À secura de um oráculo que fala de guerra, e 'de tudo em geral' no abstracto, o Salsicheiro responde com um outro, 'condimentado com um bom petisco', que não deixa de soar bem ao estômago carenciado do povo ateniense, mais preocupado com a sua sobrevivência do que com os assuntos do Estado.

POVO *(ao Salsicheiro)*

E os teus, de que tratam?

SALSICHEIRO

De Atenas, de sopa de lentilhas, dos Lacedemónios, de cavalas fresquinhas, dos que roubam à farinha no mercado, de ti, de mim. E esse gajo que se fique a chuchar ... na coisa!   1010

POVO

Vamos lá, tratem de mos ler, sem esquecer aquele que me diz respeito e me dá tanto gosto, que hei-de ser águia entre as nuvens ([225]).

PAFLAGÓNIO

Pois então, ouve lá. Presta atenção ao que eu vou dizer *(Começa a ler.):* 'Tem cuidado, filho de Erecteu ([226]), com o   1015
caminho dos oráculos que Apolo te faz retumbar do fundo do santuário, através dos tripés venerados ([227]). Ordena-te que protejas o cão sagrado de dentes afiados ([228]), que sempre a ladrar em

---

([225]) O escoliasta cita este oráculo, a que Aristófanes se teria já referido em *Celebrantes do Banquete* (fr. 241 K.-A) e a que voltaria em *Av.* 978. O oráculo contém palavras de bom augúrio para Atenas, que, depois dos dias difíceis por que tem passado, ascenderá enfim à glória suprema.

([226]) *I. e.,* ateniense. Erecteu, filho de Pândion, era um rei lendário de Atenas, venerado na Acrópole, juntamente com a deusa Atena. Sobre o mito de Erecteu, *vide* R. Graves, *The Greek myths,* I (Middlesex reimpr. 1977) 168-170.

([227]) Embora tenham anunciado os seus oráculos como de Bácis e Glânis, o Paflagónio e o Salsicheiro escudam-se agora na autoridade do oráculo de Delfos, para melhor convencerem o povo (cf. v. 220 e respectiva nota). Só Demos recorda as fontes oraculares inicialmente anunciadas (cf. vv. 1035, 1097). As respostas de Apolo eram veiculadas através da Pítia, que se recolhia no *adyton,* lugar subterrâneo do templo, onde se estabelecia a comunicação entre o deus e a sua intérprete; aí se encontrava o troféu profético, além do *omphalos,* a pedra que assinalava o centro do mundo. Tomada de êxtase pelos efeitos perturbadores das fumigações de ervas aromáticas a Pítia emitia sons, a que os sacerdotes davam a correspondência metrificada. Sob esta forma, eram fornecidas ao consulente as desejadas respostas de Apolo. Para mais pormenores sobre o assunto, *vide* M. H. Rocha Pereira, *Estudos de História da Cultura Clássica,* I (Lisboa ⁹2003) 321-332.

([228]) Porque sempre atentos aos interesses do povo e vigilantes no contexto social, os sicofantas e os políticos são com frequência comparados a 'cães de guarda' (cf. D. 25. 40;

1020 tua defesa, e a uivar por tua causa, te há-de arranjar o salário ([229]).
Se o não fizer, o cão morre. Mil gralhas odientas grasnam contra
ele'.

POVO

Esse oráculo, não entendo o que quer dizer, caramba! Que
história é essa de Erecteu, as gralhas e o cão?

PAFLAGÓNIO

O cão sou eu: é em tua defesa que ladro. Febo disse-te que
protejas o cão: eu, portanto.

SALSICHEIRO

1025 Não é nada disso que diz o oráculo. *(Aponta para o Paflagónio.)*
Este cão que aqui vês rói-te nos oráculos que nem que fosse
osso ([230]). Porque quem esse cão é, estou eu farto de saber.

POVO

Então diz lá. Cá por mim vou mas é pegar numa pedra, não
vá que o oráculo do cão ainda me pregue alguma mordidela.

Plu. *Dem.* 23. 5; Thphr. *Char.* 29. 5). Em Aristófanes a imagem sofre uma deformação
depreciativa: trata-se aqui não já de vigilância fiel, mas de bajulice interesseira. O mesmo
'cão de dentes afiados', que é Cléon, motiva a famosa cena do litígio doméstico de *Vespas*
(vv. 894 sqq.). Para a metáfora do 'cão do povo' e seu desenvolvimento em Aristófanes,
cf. J. Taillardat, *Les images d'Aristophane*, 403-406.

([229]) Com os seus latidos e uivos há-de este cão perseguir os cidadãos e aliados, de
quem cobra os tributos (vv. 248, 312, 1070-1072), a quem penaliza e confisca os
bens (vv. 264 sqq., 774-776, 1359 sq.), de modo a garantir os salários públicos aos
juízes (vv. 51, 255, 800), soldados (vv. 1078 sq.) e marinheiros (vv. 1065 sq., 1366-
-1368). Esta actividade é a própria razão de viver de um político, que perecerá no
momento em que o povo lhe retirar o seu apoio. E entretanto 'as gralhas odientas',
ou seja, aqueles que usam a sua verborreia em detrimento de Cléon, acumulam-se
na ânsia de, por sua vez, auferirem dos proventos de uma situação privilegiada.

([230]) Embora não haja certeza na interpretação destas palavras, parece provável que
o Salsicheiro acuse o rival de 'comer' do oráculo aquilo que lhe não interessa que o
Povo oiça.

SALSICHEIRO *(que lê, por sua vez)*

Tem cuidado, filho de Erecteu, com o cão Cérbero ([231]), esse   1030
gatuno ([232]) que, enquanto está à mesa, te amima com a cauda, à
espera de deitar o dente à paparoca, quando te puseres a olhar para
outro lado. Enfia-se na cozinha às escondidas, e, como um cão a
valer, pela calada da noite, desata a lamber os pratos ... e as ilhas ([233]).

POVO

Coa breca! Este é muito melhor, ó Glânis.   1035

PAFLAGÓNIO

Ouve isto, meu caro amigo, e depois faz o teu juízo: 'Uma
mulher há-de dar à luz um leão ([234]), na sagrada Atenas, que se
há-de bater pelo povo contra uma revoada de mosquitos ([235]),
como se lutasse pelas crias. Para o guardares, constrói uma   1040
muralha de madeira, com torres de ferro' ([236]). E este agora,
percebeste o quer dizer?

([231]) Dentro do âmbito canino que a linguagem assume nesta cena, Cléon é comparado ao pior dos cães, Cérbero, o temível monstro de três cabeças, que guardava
as portas do inferno. A mesma imagem é retomada em *Paz* (v. 313), num momento
em que o político pertencia já ao reino dos mortos.
([232]) Ἀνδραποδιστής significa literalmente 'traficante de escravos'. Sommerstein,
op. cit., 199, lembra a possibilidade de haver no epíteto uma alusão à proposta apresentada por Cléon, em 427, depois da revolta de Mitilene, de liquidar toda a população masculina e de reduzir à escravatura mulheres e crianças. Parece-me, no
entanto, mais fácil admitir que a palavra, como outras (τοιχωρύχος, λωποδύτης),
fosse utilizada na acepção ampla de 'ladrão, malvado'.
([233]) Cf. *supra* notas 65 e 67.
([234]) Os oráculos que anunciavam o nascimento próximo de um leão, como símbolo
do poder e da autoridade, tinham tradição entre os antigos. Heródoto menciona duas
dessas profecias que antecederam o nascimento de Cípselo, tirano de Corinto
(5. 92. 2), e do próprio Péricles (6. 131; Plu. *Per.* 3. 2). Cléon parece assim integrar-
-se dentro de uma geração de homens eminentes.
([235]) A revoada incómoda de mosquitos representa o sem-número de oradores rivais,
que atormentam os ouvidos do povo. A solicitude de Cléon é traduzida com igual
metáfora nos vv. 58-60, *V.* 597.
([236]) Mais uma vez o Paflagónio está a citar um oráculo famoso, que Apolo havia
revelado aos Atenienses nos anos recuados das guerras pérsicas: a sua terra estava
em risco, mas 'uma muralha de madeira' mostrar-se-ia inexpugnável (Hdt. 7. 141.
3), o que os Atenienses entenderam referir-se à sua armada, a barreira poderosa que
lhes deu a vitória sobre o inimigo.

POVO

Palavra que não!

PAFLAGÓNIO

Aconselha-te o deus – clarinho como água – a que me protejas. Porque para ti sou eu que faço de leão.

POVO

Como é que, sem eu dar conta, viraste um Antileão ([237])?

SALSICHEIRO

1045   Há uma coisa aí no oráculo que ele, de propósito, não explica: o que se entende por muralha de ferro e madeira, com que Lóxias ([238]) te mandou guardar o fulano.

POVO

Que é que o deus queria então dizer com isso?

SALSICHEIRO

É esse tipo mesmo que o deus te manda prender numa tábua … com cinco buracos ([239]).

POVO

1050   Parece-me que esse oráculo se deve cumprir quanto antes.

([237]) Aproveitando a expressão ἀντὶ τοῦ λέοντος '[fazer] papel de leão', o Povo assimila Cléon a Antíleon, um tirano de Cálcis (Arist. *Pol.* 1316a 29-32).
([238]) Epíteto de Apolo, concessor de oráculos.
([239]) Cf. *supra* nota 75. Por vezes as aberturas da canga eram reforçadas com aros de ferro (cf. Hdt. 9. 37. 2), o que se ajusta plenamente ao texto do oráculo.

PAFLAGÓNIO

Não te deixes ir na cantiga dele. 'É a inveja que faz crocitar as gralhas ([240]). Trata mas é de acarinhar o falcão; lembra-te de que foi ele quem te trouxe, bem amarrados, os corv...inas lacedemónios' ([241]).

SALSICHEIRO

Um golpe desses, se o Paflagónio se aventurou a ele, foi porque estava bêbedo ([242]). 'Ó seu asno de Cecrópida ([243]), julgas isso uma grande façanha? Até uma mulher pode carregar um fardo, desde que um homem lho ponha em cima ([244]). Mas ir à guerra não é para ela. Porque se lutasse, talvez ainda se borrasse, mas é ... pelas pernas abaixo'. 1055

PAFLAGÓNIO

Mas não te esqueças: 'Pilos antes de Pilos', como te dizia o oráculo. 'Pilos antes de Pilos ...'

([240]) Cf. v. 1020 e *supra* nota 229.

([241]) Cléon reconhece-se aqui como o ser voraz que o falcão representa. A propósito, lembra o caso de Esfactéria, de onde trouxe umas centenas de prisioneiros lacedemónios (cf. *supra* Introdução, pp. 7-8 e nota 16), aprisionamento que culminou a sua vitória. No entanto, julgo feliz a interpretação subtil que Sommerstein, *op. cit.*, 200, dá para uma sugestão depreciativa desse facto, contida no passo em questão. Os Lacedemónios trazidos de Esfactéria são mencionados com uma designação animal, χοραχῖνοι, que pode ser lida como o diminutivo de 'corvos' ou como o nome de um peixe que os Gregos consideravam banal e de pouco valor (cf. *Lys.* 560).

([242]) A atitude aventurosa que Cléon tomou em relação ao caso de Pilos, que se prolongava sem solução, e o compromisso, que assumiu perante a assembleia, de o resolver em vinte dias, pareceu ideia de louco ou bêbedo.

([243]) Isto é, Ateniense (cf. vv. 1015, 1030, 1067). Cécrops é igualmente um rei lendário de Atenas, filho e sucessor de Erecteu. Cf. R. Graves, *The Greek myths*, I (Middlesex reimpr. 1977) 320-322.

([244]) O escoliasta identifica estas palavras como pertencentes à *Pequena Ilíada* (fr. 2 Allen) e situa-as no respectivo contexto. Em questão estava a atribuição das armas de Aquiles, já morto, ao guerreiro mais valente dos Aqueus; Ájax e Ulisses disputavam essa honra. A população de Tróia, por sua vez, discutia igualmente o assunto. Em conversa, uma jovem troiana pretendia defender, perante uma amiga, a pretensão de Ájax, o guerreiro pujante que havia carregado aos ombros, do campo de luta, o cadáver de Aquiles. Ao que a outra objectou: 'Até uma mulher pode carregar um fardo, desde que um homem lho ponha em cima'. É provável que esta citação aluda à pouca validade da intervenção de Cléon em Esfactéria, que mais não fez do que aproveitar a estratégia planeada já pelo general Demóstenes.

POVO

Mas o que vem a ser isso, 'antes de Pilos' ([245])?

SALSICHEIRO

1060 'Pias'?! Diz ele que vai deitar mão à tina do banho ([246]).

POVO

E eu, vou ficar sem o meu banho hoje?

SALSICHEIRO

Bem, de toda a maneira, este oráculo aqui tem a ver com a armada. Deves prestar-lhe a máxima atenção.

POVO

1065 Sou todo ouvidos. Ora lê-me lá, antes de mais, como é que se há-de pagar o soldo aos meus marinheiros ([247]).

SALSICHEIRO

'Filho de Egeu ([248]), toma cuidado com esse cão-raposa – não te deixes levar por ele! – que morde pela calada, veloz como nunca se viu, um matreiro de um bicho, cheio de ronha' ([249]). Estás a entender onde isto quer chegar?

([245]) É notória a insistência do Paflagónio na palavra Pilos, cuja história recente tinha representado o seu mais notável título de glória. As palavras 'Pilos diante de Pilos' inserem-se num verso, citado por Estrabão (8. 3. 7), que termina ''e ainda uma outra Pilos'. Assim são referidas as três cidades com o nome de Pilos, situadas no Peloponeso, que entre si disputavam a glória de terem sido governadas por Nestor.

([246]) O Salsicheiro distorce por completo o sentido das palavras do adversário, ao confundir o genitivo Πύλοιο com o acusativo πυέλους, de πύελος 'banheira'.

([247]) O pagamento dos marinheiros é uma preocupação constante do Povo: cf. vv. 1078 sq., 1366-1368.

([248]) Cf. *supra* nota 243. Egeu foi um rei lendário de Atenas, pai de Teseu. Cf. R. Graves, *op. cit.*, 320-323.

([249]) Como o próprio diálogo esclarece de seguida, a imagem do cão-raposa aplica-se às naus, velozes como o cão, e carregadas de marinheiros vorazes e desejosos de saquear, como as raposas.

POVO

Essa do cão-raposa é com o Filóstrato ([250]).

SALSICHEIRO

Não é nada disso. A questão é com as naus velozes que esse   1070
camarada passa a vida a pedir-te para ir cobrar os tributos ([251]).
Lóxias proíbe-te de lhas dares.

POVO

Uma trirreme virar cão-raposa? Como pode isso ser?

SALSICHEIRO

Como pode ser? É que a trirreme é, como o cão, uma coisa
veloz.

POVO

E porque é que se juntou a raposa ao cão?   1075

SALSICHEIRO

Aos raposinhos comparam-se os soldados, porque manducam
as uvas nos vinhedos.

POVO

Bom! E o soldo para os raposinhos, onde está ele?

([250]) Filóstrato era uma figura contemporânea que o escoliasta identifica com um alcoviteiro, que primava por um cuidado excessivo e efeminado da sua aparência. Esta personagem tinha recebido a alcunha de cão-raposa (cf. *Lys.* 957).
([251]) Por vezes, Atenas recorria a este processo para cobrar, dos seus aliados, tributos em atraso (cf. Th. 2. 69, 3. 19). Cf. ainda *Ach.* 192 sqq., onde se testemunha a presença de embaixadas atenienses junto dos aliados por esse motivo.

SALSICHEIRO

1080   Eu arranjo-o num prazo de três dias ([252]). Mas ouve mais este oráculo: 'O filho de Latona aconselha-te a teres cuidado com o porto da Gafanha, não vá que te leve à certa'.

POVO

Gafanha? Que Gafanha?

SALSICHEIRO

Virou Gafanha a mão do tipo, que não se cala: 'Mete para a ... gadanha!' ([253]).

PAFLAGÓNIO

1085   Ele não está a explicar bem. Por 'Gafanha', Febo quer dizer a mão de Diopites ([254]). Mas tenho aqui, ainda a teu respeito, um outro oráculo alado, onde te tornas águia e reinas sobre a terra inteira ([255]).

([252]) Cf. *supra* nota 242. O Salsicheiro pretende ultrapassar o rival no exagero das promessas: Cléon precisava de três semanas para realizar a proeza de Pilos; ele apenas de três dias para resolver a questão dos salários.

([253]) O texto estabelece um jogo de palavras entre Κυλλήνη, o nome de um porto da Élide, e κυλλῇ [sc. χειρί] 'mão fechada', como símbolo de rapacidade. O passo é particularmente difícil de reproduzir na tradução. Para tentar de algum modo obter um efeito semelhante ao do original, servi-me do topónimo Gafanha, bem conhecido em Portugal como um porto de mar. e 'gadanha', um termo popular para 'mão voraz'.

([254]) Diopites foi um político de segundo plano, que se envolveu na perseguição de filósofos e na denúncia dos que dessem provas de ateísmo. Esta sua campanha vitimou, entre outros, Anaxágoras, que foi forçado a abandonar Atenas (Plu. *Per.* 32. 1-2). O seu nome liga-se ainda a um decreto acerca de Metone, datado de c. 430 (IG I² 57). Embora mencionado na comédia (cf. Phryn. Com. fr. 9K.-A.; Amips. fr. 10K.-A.; Ar. *V.* 381, *Av.* 988), não existe, em relação a esta personagem, outra acusação de rapacidade. Talvez se possa pensar na hipótese de uma deformidade física para explicar esta referência: 'mão enconchada'.

([255]) Com este oráculo o Paflagónio corresponde ao desejo manifestado pelo Povo, nos vv. 1012 sq.

SALSICHEIRO

É como no meu: sobre a terra inteira e o mar vermelho ([256]). E mais: que hás-de ser juiz em Ecbátanos ([257]), enquanto te lambes com um salgadinho.

PAFLAGÓNIO

Pois eu tive um sonho: parecia-me ver a deusa em pessoa a despejar, sobre o povo, saúde e riqueza às bateladas ([258]).   1090

SALSICHEIRO

Cos diabos, um sonho! Eu também tive um. Parecia-me ver a deusa em pessoa a sair da cidade, com uma coruja pousada no elmo ([259]); então, com uma garrafa, derramava ambrósia na tua   1095 cabeça, e salmoura na daquele parceiro.

POVO

Oh! Oh! Realmente quem se compara, em sabedoria, com Glânis?! *(Ao Salsicheiro.)* Pois bem, a partir de agora, aqui onde me vês, entrego-me nas tuas mãos, para me guiares na velhice e me reeducares ([260]).

PAFLAGÓNIO

Ainda não, por favor. Espera lá! Sou eu quem te vai arranjar   1100 a cevada e o sustento, todos os dias.

([256]) Esta designação correspondia, no tempo de Aristófanes, ao Oceano Índico (cf. Hdt. 1. 202. 4). O oráculo pressagia um movimento expansionista em direcção a oriente.

([257]) Ecbátanos era a capital da Média e representava para os Gregos o paraíso da riqueza e do luxo: cf. *Ach.* 64, *V.* 1143. A profecia atinge os limites do utópico: a conquista do império persa, onde o povo ateniense irá exercer a sua actividade predilecta, administrar a justiça. Para um oráculo semelhante, ainda que mais modesto, cf. vv. 797-799.

([258]) O texto diz literalmente 'a despejar saúde e riqueza ... com um crivo', como se usava nos chuveiros (cf. Thphr. *Char.* 9. 8).

([259]) A coruja era a ave sagrada de Atena, que simbolizava a protecção da deusa a todas as artes. Cf. *Av.* 516.

([260]) Citação de Sófocles, fr. 447. 2 N².

POVO

Não aguento mais ouvir falar de cevada. Já fui enganado vezes sem conta por ti e pelo Túfanes ([261]).

PAFLAGÓNIO

Então arranjo-te as farinhas já preparadas.

SALSICHEIRO

1105 Pois eu arranjo-te umas tortazinhas bem amassadas e um bom assado. Só tens o trabalho de comer.

POVO

Despachem-se, façam o que têm a fazer. Porque, por mim, é àquele dos dois que melhor me tratar agora que eu entrego as rédeas da Pnix.

PAFLAGÓNIO

1110 Vou já a correr lá dentro. Vou ser o primeiro.

(Parte a correr, mas é ultrapassado pelo rival.)

SALSICHEIRO

Nem penses nisso. Primeiro eu.

([261]) O texto deixa perceber que a promessa feita pelo Paflagónio, neste momento, retoma qualquer outra proposta de distribuição de grão, gratuita ou pelo menos a preço moderado, que ou não chegou a ser cumprida ou foi menos abundante do que se havia prometido (cf. V. 716-718). À medida que, com o evoluir da guerra, a pobreza e a fome foram alastrando, o Estado viu-se compelido a fazer distribuições públicas de grão, a baixo preço ou mesmo inteiramente gratuitas. Este tipo de medidas prestava-se a especulação política por parte dos demagogos. No texto em questão há uma graduação ascendente nas ofertas do Paflagónio e do Salsicheiro, a partir do grão de cevada, através das farinhas, até às tortas bem amassadas. Quanto a Túfanes, os escólios identificam-no com um amanuense público, apoiante de Cléon.

CORO

Ó Povo, que belo império o teu! Todos te receiam como a um rei. Mas és tão fácil de levar! Gostas de ser engraxado, engana- 1115
do, ficas de boca aberta perante os oradores. Essa tua mioleira 1120
está aí, mas anda por longe.

POVO

Mioleira é coisa que vocês não têm debaixo dessas guede-
lhas (262), se julgam que eu não sei o que faço. É de propósito que
me armo em parvo. Por minha parte, gosto da minha papinha 1125
todos os dias, e estou disposto a sustentar um ladrão de um chefe
político. Mas quando o tipo está cheio, mando-o ao ar com um 1130
pontapé no rabo.

CORO

Pois fazes muito bem, se é a perspicácia que determina o teu
comportamento, como dizes. Uma grande perspicácia mesmo,
se é com um fito que os engordas na Pnix, como vítimas 1135
públicas (263); e quando acontece que não tens outro pitéu à mão,
agarras num deles, dos mais gordinhos, imola-lo e papa-lo ao 1140
jantar.

POVO

E vejam lá se me não ajeito a agarrar esses fulanos, que se julgam muito espertinhos e que pensam que me enganam. Ando de 1145
olho neles a toda a hora, sem sequer parecer reparar que eles
roubam. Depois, obrigo-os a deitar cá para fora tudo aquilo que
me bifaram. O funil do voto é a minha sonda (264). 1150

---

(262) Cf. *supra* nota 125.
(263) Animais destinados a serem imolados e comidos em festas públicas.
(264) Na época de Aristófanes, as urnas de voto eram cobertas com um funil de verga,
de modo a defender o sigilo do voto. Demos afirma que é no tribunal que os seus
chefes são testados. Com o voto que lhe cabe, o povo condena os que se mostraram
fraudulentos e obriga-os a 'deitar cá para fora' aquilo de que se apoderaram indevi-
damente.

(O Paflagónio e o Salsicheiro voltam ao mesmo tempo, ambos carregados com um cesto, e a atropelarem-se mutuamente.)

PAFLAGÓNIO

Vai para o inferno! Sai-me da frente!

SALSICHEIRO

Vai tu, malvado!

PAFLAGÓNIO *(que pousa o cesto)*

Povo, aqui me tens à tua disposição. Há tempos e tempos e tempos que aqui estou, desejoso de te servir.

SALSICHEIRO *(imitando o adversário)*

1155   E eu há dez vezes, doze vezes, mil vezes mais tempo. Há tempos sem fim, sem fim, sem fim.

POVO

E há trinta mil vezes mais tempo que estou à vossa espera, e farto de ambos há tempos sem fim, sem fim, sem fim.

SALSICHEIRO

Sabes o que tens a fazer?

POVO

Fico a saber, se mo disseres.

SALSICHEIRO

Põe-nos os dois em linha, a mim e a este fulano, e dá o sinal
1160   de partida, para podermos competir, no teu serviço, em igualdade de circunstâncias.

POVO

É o que tenho a fazer. Ponham-se em linha.

SALSICHEIRO e PAFLAGÓNIO
(tomando posição para o início da corrida)

Pronto!

POVO

Partida!

(Ambos correm para casa, o Paflagónio à frente.)

SALSICHEIRO

Não vale barrares-me o caminho.

POVO

Ou eu hoje ando nas palminhas dos meus adoradores, ou –
caramba! – vão ter de me aturar.

PAFLAGÓNIO *(que regressa, precipitado)*

Olha aqui! Sou eu o primeiro a trazer-te um banquinho.

SALSICHEIRO *(também precipitado)*

Mas uma mesa, não. Fico eu antes do primeiro.   1165

(Ambos oferecem comida que tiram dos cestos.)

PAFLAGÓNIO

Olha, trago-te esta torta, feita com farinha de Pilos ([265]).

([265]) No diálogo subsequente, o Povo deixa sem comentário as ofertas do Paflagónio,
que invariavelmente contêm uma referência à guerra.

SALSICHEIRO

E eu, umas empadas (²⁶⁶) moldadas pela deusa, com as suas mãos de marfim.

POVO

1170   Que dedo comprido tu tens, ó deusa!

PAFLAGÓNIO

Eu trago-te um puré de ervilhas cá com uma corzinha! Delicioso! Quem o ralou foi a própria Palas ... Pilémaca (²⁶⁷).

SALSICHEIRO

É claro, Povo, que a deusa te protege. Agora mesmo estende sobre ti uma panela cheia de sopa.

POVO

1175   E tu julgas que esta cidade ainda sobrevivia, se a deusa – é bom de ver! – não estendesse sobre nós ... a panela (²⁶⁸)?

PAFLAGÓNIO

Aqui tens uma posta de peixe que te mandou o 'Terror dos exércitos' (²⁶⁹).

(²⁶⁶) Verdadeiramente μυστίλαι eram côdeas de pão moldadas em forma de concha, dentro das quais se servia um caldo ou molho. A intervenção de Atena na confecção do repasto oferecido ao Povo, que se torna uma constante em todos os petiscos apresentados a partir deste momento, é uma forma de exaltar a qualidade das ofertas. O texto refere-se à bem conhecida estátua criselefantina de Atena, que Fídias havia esculpido para adornar o interior do Pártenon, e que tinha uma dimensão seis vezes maior do que a humana (cf. Plin. *HN* 36. 18); logo os dedos tinham igualmente um comprimento superior ao normal.
(²⁶⁷) Πυλαιμάχος era um epíteto conhecido de Atena (Call. fr. 638 Pfeiffer), e ao que parece também de Ares em Stesich. fr. 65P, como 'combatente no umbral'. É óbvio o aproveitamento que o Paflagónio faz do epíteto para aludir ao caso de Pilos.
(²⁶⁸) O conteúdo destes versos lembra o fr. 4. 1-4 West de Sólon, em que se refere o patrocínio que Atena exerce sobre a cidade, mesmo contra outros poderes divinos. Sobre o seu povo estende a deusa umas mãos protectoras. A χεῖρας 'mãos', Demos substitui χύτραν 'panela', adaptando o fragmento ao conteúdo culinário do diálogo.
(²⁶⁹) Embora este epíteto de Atena não tenha abonação noutros passos, Hesíodo (fr. 343. 18 Melkerbach-West) refere a égide de Atena como 'aterrorizadora dos inimigos' (φοβέστρατον).

SALSICHEIRO

A 'filha do deus soberano' ([270]) oferece-te uma carne estufada, umas tripinhas, um naco de coalheira e de bucho.

POVO

Muito correcto da parte dela em se lembrar do peplos ([271]).　　1180

PAFLAGÓNIO

A deusa do penacho de Górgona ([272]) convida-te a comeres esta fogaça, a ver se nos esfogaçamos ao remo também ([273]).

SALSICHEIRO

Toma lá mais isto.

POVO

Para que quero eu essa tripalhada?

SALSICHEIRO

É com uma intenção que a deusa tas manda: para estri … bar　　1185

([270]) O epíteto ὀβριμοπάτρα tem tradição épica (cf. *Il.* V. 747; Hes. *Th.* 587) e ocorre igualmente no fragmento de Sólon atrás referido (fr. 4. 3 West).

([271]) Cf. *supra* nota 120.

([272]) Como de Atena é esta a única ocorrência do epíteto. No entanto, encontramo-lo aplicado a Lâmaco, em *Ach.* 567. 'Penacho de Górgona' é sinónimo de 'penacho aterrador', qual visão da Górgona. Medusa, como as irmãs, era uma jovem bela, que incorreu no crime de se entregar a Posídon num templo de Atena. Por castigo a deusa transformou-a em monstro alado, de olhos terríveis, língua pendente, cabeleira de víboras, que com o olhar petrificava os mortais. Coube a Perseu a honra de decapitar Medusa, cuja cabeça passou a exibir sobre o escudo. Para mais informações, *vide* R. Graves, *The Greek myths*, I, 127.

([273]) A tradução pretende conservar o jogo de palavras que o original apresenta, entre ἐλατήρ, que é um tipo de pão, e ἐλαύνω 'remar'.

as trirremes (^{274}). Porque – é evidente – ela protege a nossa armada. Toma lá, bebe também esta mistura de três partes para duas (^{275}).

POVO

Que doçura! Que bem assentam as três partes de água nesta pinga!

SALSICHEIRO

É que foi a deusa de Tríton (^{276}) que mediu as três doses.

PAFLAGÓNIO

1190   Toma lá esta fatia de torta que te dou eu.

SALSICHEIRO

Pois, da minha parte, aqui tens a torta inteira.

PAFLAGÓNIO (ao Salsicheiro)

Tu não tens um pedaço de lebre (^{277}) que lhe dês. Mas eu tenho!

SALSICHEIRO (à parte)

Ó diabo! Onde hei-de ir desencantar um pedaço de lebre? Coração, trata de me arranjar uma saída.

(^{274}) O grego estabelece um trocadilho entre ἐντέροις 'tripas' e ἐντερόνειαν 'madeiramento que escora os cascos dos navios' (cf. ἐγχοίλια 'entranhas', também usado por metáfora para embarcações: *schol. Eq.* 1185).

(^{275}) Três partes de água para duas de vinho.

(^{276}) Como qualificativo de Atena, este epíteto, juntamente com a forma mais comum Τριτογένεια, ascendia à poesia épica (cf. *Il.* 4. 515, 8. 39, *Od.* 3. 378; Hes. *Th.* 895, 924; *H. Hom.* 28. 4; Hdt. 7. 141. 3). O epíteto parece referir-se à origem da deusa como situada no lago Tríton, na Líbia (cf. A. *Eu.* 292 sq.). Neste contexto, a sílaba τρι- sugere a noção das 'três' partes de água, ainda uma vez calibradas por Atena.

(^{277}) A comédia testemunha o apreço em que era tida a lebre na gastronomia da época e a escassez desta carne nos anos magros da guerra: cf. *Ach.* 520, 878, 1006, 1110, *V.* 709, *Pax* 1150, 1196, 1312.

PAFLAGÓNIO *(tira a lebre do cesto e mostra-a ao rival)*

Estás a ver aqui, desgraçado ([278])?   1195

SALSICHEIRO

Pouco me importa. *(Finge olhar ao longe.)* Vêm ali uns tipos ao meu encontro, uns embaixadores, com a bolsa cheia de bagalhoça.

PAFLAGÓNIO *(que corre, em alvoroço, na direcção indicada)*

Onde? Onde é que estão?

SALSICHEIRO

Que tens com isso? Deixas os estrangeiros em paz ou não? *(Rouba as lebres e apresenta-as ao Povo.)* Ó meu Povinho querido, estás a ver as lebres que eu te trago?

PAFLAGÓNIO *(que volta atrás)*

Esta agora! Raio de sorte a minha! Não é decente deitares   1200
mão ao que me pertence.

SALSICHEIRO

Homessa! Outro tanto fizeste tu com os tipos de Pilos ([279]).

POVO *(ao Salsicheiro)*

Diz-me cá uma coisa, se fazes favor: onde foste buscar essa ideia de rapinar?

([278]) A acção é, neste momento, muito viva. Quando o Paflagónio apresenta os pedaços de lebre, o adversário finge ver chegar os embaixadores estrangeiros com as bolsas carregadas de dinheiro, para aproveitar a estupefacção do rival e lhe roubar a lebre.
([279]) Cf. vv. 54-57 e *supra* nota 16.

SALSICHEIRO

A ideia é da deusa. O roubo é que é meu. Fui eu que dei o golpe.

PAFLAGÓNIO

E eu é que me arrisquei – quer dizer, quem a assou fui eu.

POVO (ao Paflagónio)

1205   Põe-te a mexer! É para quem ma serviu que vão os meus agradecimentos.

PAFLAGÓNIO

Ai que desgraça esta! Estou batido em descaramento.

SALSICHEIRO

Povo, porque não decides qual de nós dois trata melhor de ti e da tua pança?

POVO

1210   E que argumento havia eu de apresentar para os espectadores acharem sensata a minha decisão?

SALSICHEIRO (a meia voz)

Vou-te dizer. Agarra na minha cesta, sem barulho, e dá uma espreitadela lá para dentro. Faz o mesmo à do Paflagónio. Fica tranquilo que a tua decisão vai ser acertada.

POVO (a espreitar a cesta do Salsicheiro)

Ora vejamos, esta aqui, o que tem dentro?

SALSICHEIRO

1215   Não vês que está vazia, tiozinho? Se eu já te dei tudo!

POVO

Ora aqui está uma cesta verdadeiramente democrática!

SALSICHEIRO

Agora anda cá. Espreita a do Paflagónio. *(Levanta-lhe a tampa.)* Estás a ver isto?

POVO

Ah raios! Cheia de tudo o que é bom! O pedação de torta que o tipo reservou para ele! A mim deu-me uma fatiinha que não era maior do que isto.   1220

SALSICHEIRO

Pois é assim mesmo que ele tem feito até agora. Dava-te um pedacinho do que arranjava e guardava a maior parte para ele.

POVO *(ao Paflagónio)*

Ah safado! Era assim que tu me enganavas, a roubar dessa maneira. E eu a cobrir-te de coroas e de presentes ([280])!   1225

PAFLAGÓNIO

Mas olha que, se eu roubava, era no interesse da cidade.

POVO

Pousa aí a tua coroa ([281]) – depressa! – para eu a pôr neste tipo aqui.

([280]) A respeito deste verso, em dialecto dórico, o escoliasta comenta: 'imita os hilotas, quando coroaram Posídon'. É possível que tal comentário se refira a uma comédia atribuída a Êupolis, intitulada *Hilotas*, em que Posídon era censurado por não corresponder às ofertas dos seus fiéis, e de que o presente verso poderia mesmo ser uma citação. Subsistem, porém, dúvidas quanto à autoria da peça e quanto à eventualidade de se tratar de uma citação, dado que o escólio é omisso nesses pormenores. Por isso, não encontramos o passo na colecção de Kock de fragmentos dos *Hilotas* de Êupolis.

([281]) As coroas eram usadas pelos magistrados, membros do Conselho e oradores. Retirar-lhes a coroa correspondia a exonerá-los do cargo: cf. *Nu.* 625; Dem. 26. 5, 58. 27.

SALSICHEIRO

Pousa lá isso depressa, patife!

PAFLAGÓNIO

1230   Não, não! Que eu tenho um oráculo pítico que indica aquele
que será o único a poder vencer-me.

SALSICHEIRO

E é o meu nome que indica, quanto a isso não há dúvida.

PAFLAGÓNIO

Pois bem, vamos então tirar a prova, para saber se tens alguma coisa a ver com a profecia. Para já, uma perguntinha para te
1235   experimentar: nos tempos de criança, em que escola andaste?

SALSICHEIRO

Foi nos matadoiros que me criei, à força de soco.

PAFLAGÓNIO

Que estás a dizer? *(À parte.)* Ah esse oráculo, como me fere
o coração! *(De novo ao Salsicheiro.)* Bom. E quanto ao pedótri-
ba, que golpes é que aprendeste ([282])?

SALSICHEIRO

A roubar e a jurar falso, olhando as pessoas de frente.

([282]) O Paflagónio entende por πάλη os 'golpes' de luta, ministrados pelo professor
de ginástica no nível mais elementar da educação primária. O rival, porém, que
jamais havia frequentado a escola, entende πάλη como 'golpes fraudulentos,
vigarices'. Nesse campo somava, de facto, uma vasta experiência.

PAFLAGÓNIO *(à parte)*

Ah Febo Apolo, deus da Lícia, que mais me reservas tu [283]?   1240
(Ao rival.) E já homem feito, qual era a tua profissão?

SALSICHEIRO

Vendia chouriços e fazia uns servicinhos de mariquice.

PAFLAGÓNIO *(à parte)*

Ai de mim, estou perdido! Acabou-se! Está tudo arrumado!
Bem leve é a esperança que nos sustém. *(De novo ao*
Salsicheiro.) Ainda mais uma coisa: onde é que tu vendias os   1245
chouriços, na ágora ou às portas da cidade [284]?

SALSICHEIRO

Às portas da cidade, onde se vende a salga.

PAFLAGÓNIO

Pronto! Cumpriu-se o oráculo do deus. Rolem lá para dentro
este pobre infeliz que eu sou [285]. *(Tira a coroa e despede-se.)* Ó   1250
coroa, vai-te, adeus! É contra vontade que te deixo [286]. Outro te há-
-de usar, mais ladrão do que eu decerto que não, mais feliz talvez.

---

[283] Citação de *Télefo* de Eurípides (fr. 700 N²).
[284] As portas da cidade, isto é, as áreas limítrofes de Atenas, eram as mais pobres e
mal frequentadas, onde se aglomeravam os bairros de prostituição. Logo o comércio realizado nessa zona era muito mais pobre e degradado que o da ágora (cf. vv.
1398-1401; Hsch. *s. v.* Κεραμεικός; Is. 6. 20).
[285] Estas são palavras de *Belerofonte* de Eurípides (fr. 310 N²), com a alteração da
primeira dessas palavras de χομίζετε 'levem-me' para χυλίνδετε 'rolem-me'. Tal
substituição parece sugerir o uso de alguma máquina, talvez o ἐχχύχλημα, o que
encontra a sua única justificação no facto de o Paflagónio pretender assumir a personalidade do herói trágico, funestamente atingido pelo destino. No entanto, convém referir que os verbos, usados em Aristófanes, para a utilização do ἐχχύχλημα
são εἰσχυχλεῖν e ἐχχυχλεῖν (cf. *Ach.* 408, *Th.* 96, 265). O problema tem motiva-
do posições interpretativas várias, embora talvez deva aceitar-se o uso da máquina.
Sobre as condições em que este poderia verificar-se, cf. Sommerstein, 'Notes on
Aristophanes' *Knights*', *CQ* 30 (1980) 53 sqq.
[286] Paródia de *Alceste* de Eurípides (vv. 177-182), no momento em que a heroína
se despede do leito nupcial. Sobre o uso da coroa, cf. *supra* nota 281.

SALSICHEIRO

Zeus helénico ([287]), é tua a vitória!

DEMÓSTENES

1255 Bravo, vencedor! Lembra-te de que, se te tornaste alguém, a mim o deves. Quero então pedir-te um favor, sem importância aliás: o de ser teu Fano, teu signatário nos processos ([288]).

POVO

E agora diz-me: qual é o teu nome?

SALSICHEIRO

Agorácrito ([289]), já que foi na ágora, no meio das discussões, que me criei.

POVO

1260 Pois bem, é a Agorácrito que confio a minha sorte. E esse tal Paflagónio, que passe por lá muito bem!

([287]) Este epíteto de Zeus havia-se divulgado, no tempo das guerras pérsicas, como símbolo da unidade grega contra os Persas (cf. Hdt. 9. 7a. 2). R. A. Neil, *The Knights*, 164, considera este verso o cerne da temática da peça: Cléon como um obstáculo ao pan-helenismo pelo seu interesse em fomentar a guerra do Peloponeso, que opõe a quase totalidade das cidades gregas. Sommerstein, *Knights*, 209, acrescenta outra interpretação possível: Ἑλλάνιος, na forma dórica aqui utilizada pelo comediógrafo, era um culto de Zeus na ilha de Egina (cf. Pi. *N.* 5. 10), local a que parece associar-se a origem de Aristófanes (cf. *Ach.* 652-654). Assim a vitória de Zeus helénico poderia representar a supremacia do poeta sobre Cléon, cuja actuação política perseguia desde os seus primeiros anos no teatro (cf. *supra* nota 104).
([288]) O primeiro escravo, apoiante do Salsicheiro desde a primeira hora (cf. vv. 150--234), reclama agora, consumada a vitória do seu protegido, um pequeno favor: o de assumir junto do novo demagogo o papel que Fano desempenhava junto de Cléon. Sobre este Fano nada mais sabemos, a não ser a sua proximidade em relação a Cléon, que acompanha a um jantar em *V.* 1220. O passo em questão concretiza o teor das suas funções ao lado do demagogo: ὑπογραφεύς era o funcionário que apresentava as alegações, no decurso de um processo. De onde poder concluir-se que Fano desempenhava o papel de acusador, assinando alegações e provas nos processos em que Cléon era o verdadeiro interessado.
([289]) De ἀγορά 'praça' e κρίνω 'discutir'. Sobre as várias interpretações sugeridas por este composto, *vide* J. Taillardat, *Les images d'Aristophane*, 81 n. 1.

SALSICHEIRO

Pela minha parte, Povo, vou servir-te o melhor que puder, de tal modo que hás-de reconhecer que nunca viste ninguém mais dedicado à cidade dos ... Basbaquenses ([290]).

(Entram em casa.)

CORO

Que pode haver de mais belo, para começarmos ou acabar-mos o nosso canto, do que não entoarmos, nós, os condutores de velozes corcéis ([291]) – babados de gozo – nem uma palavra de ataque contra Lisístrato ([292]), ou contra Tumântis, esse desgraça-do sem eira nem beira ([293])? Pois o pobre coitado – ah Apolo, meu caro Apolo! –, sempre com a barriguinha a dar horas, lavado em lágrimas, lá se vai agarrando à tua aljava, na divina Pito, a ver se se safa da miséria.   1265   1270

Mandar piadas a essa cambada que para aí anda não tem nada de censurável; é antes uma homenagem prestada à gente de bem, para quem saiba ver as coisas como elas são. Porque se o tipo que está a precisar de ouvir umas palavras duras fosse suficiente-mente famoso, escusava eu de mencionar aqui o nome de um amigo. É que se Arignoto ([294]) é bem conhecido de todo aquele que sabe distinguir o branco ... do ritmo órtio, tem, no entanto, um irmão que lhe não é nada quanto à maneira de ser, esse   1275   1280

([290]) Κεχηναίων é uma hábil substituição de ᾿Αθηναίων, que sugere o perfeito κέχηνα de χάσκω 'ficar embasbacado' (cf. vv. 261, 755).

([291]) Adaptação de Píndaro, fr. 89a Snell.

([292]) Lisístrato, natural do *demos* de Colarges, é apresentado na comédia como um vicioso, useiro em piadas de mau gosto, sempre de bolsa vazia e de barriga a dar horas (cf. *Ach*. 855-859, *V*. 787-795, 1308-1313, fr. 205K.-A.).

([293]) De Tumântis quase nada sabemos: um fragmento de Hermipo (fr. 36. 3K.-A.) refere a sua extrema magreza.

([294]) Aristófanes refere-se a dois filhos de Autómenes, desculpando-se de mencionar em conjunto o nome digno e popular de Arignoto e o de seu irmão Arífrades, bem conhecido, apesar das palavras do texto, pelos vícios a que se entregava. Arignoto era um famoso citarista, a quem o público jamais faltara com o aplauso (cf. *V*. 1277 sq.). Mesmo o ouvinte menos sensibilizado para a arte podia detectar de imediato o seu talento: 'todo aquele que sabe distinguir o branco ... do ritmo órtio', ou seja todo aquele que tenha uma percepção elementar da música. A expressão é um arran-jo de uma fórmula conhecida: 'distinguir o branco do preto'. O ritmo órtio, da auto-ria de Terpandro de Lesbos, era uma das melodias mais famosas entre os Gregos.

	Arífrades, um valdevinos rematado. E mais, é-o e com muito gosto. E se fosse só valdevinos, mesmo um valdevinos de primeira apanha, já nem se reparava. Mas arranjou uma melhor

Arífrades, um valdevinos rematado. E mais, é-o e com muito gosto. E se fosse só valdevinos, mesmo um valdevinos de primeira apanha, já nem se reparava. Mas arranjou uma melhor
1285 para lhe juntar: anda pelos alcouces a emporcalhar a língua, com lambidelas imundas, a barba num nojo, a incendiar vergonhas. Depois faz cantigas à moda de Polimnesto e emparceira com Eónico ([295]). Quem não sentir um asco profundo por tal fulano, nunca há-de beber connosco da mesma taça ([296]).
1290 Mais de uma vez, durante a noite, entregue aos meus pensamentos, dei comigo a matutar onde diabo irá o Cleónimo ([297]) buscar a paparoca, assim do pé para a mão. É que, segundo ouvi
1295 dizer, o tal sujeitinho, uma vez que se foi repimpar em casa de gente de massa, não despegava da panela. Nem mesmo com aquela malta a suplicar-lhe: 'Vamos, meu senhor, por quem és, sai daqui, poupa-nos ao menos a mesa'.
1300 Dizem que as trirremes ([298]) se reuniram em assembleia e que só uma delas, a mais velha de todas, usou da palavra: 'Vocês,

---

Sobre Terpandro e a sua influência na música grega, *vide* A. Lesky, *Geschichte der griechischen Literatur* (Bern ³1971) 155-157; W. D. Anderson, *Ethos and education in Greek music* (Cambridge, Massachusetts 1966) 55-56.

Arífrades merece numerosas alusões na comédia, que salientam sempre o seu comportamento vergonhoso: *V.* 1280-1283, *Pax* 883-885, fr. 926K.-A. Ath. 220b-c dá-o como discípulo de Anaxágoras. Não há fundamento que permita apoiar a identificação desta figura com um poeta cómico do mesmo nome, mencionado em Arist. *Po.* 1458b 31.

([295]) Polimnesto de Cólofon era um músico do séc. VII a. C. (mencionado em Alcm. fr. 145P; Pi. fr. 178; Ps.-Plu. *Moralia* 1132d, 1133a, 1134b-d, 1141b), que teve uma intervenção importante na execução à flauta. Além deste passo cómico, não há qualquer referência ao carácter erótico da produção de Polimnesto.

Eónico é uma figura desconhecida para nós, que um fragmento de *com. adesp.* 25 associa a um μουσεῖον. Logo podemos identificá-lo como músico ou poeta.

([296]) Cf. Eup. fr. 454K. A apresentação de *Cavaleiros* desencadeou, entre Aristófanes e o poeta rival Êupolis, uma questão de plágio célebre na Antiguidade. Segundo o testemunho de Êupolis (fr. 89K.-A.), os dois comediógrafos haviam trabalhado em colaboração na feitura desta comédia. Por razões que nos escapam, a amizade deteriorou-se e mais tarde Aristófanes acusa o rival de ter utilizado, 'mal e porcamente', o seu texto ao apresentar a comédia *Máricas* (*Nu.* 554). Levado pela semelhança deste passo com o fragmento de Êupolis acima referido (454), o *schol. Eq.* 1291 considera que, a partir deste momento, o coro reproduz texto de Êupolis. Porém a questão está longe de ser clarificada, e não há sólidas razões para determinar qual a participação do autor do *Máricas* nesta comédia. Sobre esta matéria, cf. G. Ugolini, 'La polemica tra Aristofane ed Eupoli', *SIFC* n. s. 3 (1923) 151-158.

([297]) Cf. *supra* nota 213.

([298]) O poeta personifica a armada ateniense para a fazer emitir o seu protesto contra os demagogos e a política da guerra.

meninas, já ouviram dizer o que vai por essa cidade? Diz-se por aí que um tipo qualquer pediu cem de entre nós para fazer uma expedição contra Cartago ([299]), um safado de um cidadão, esse Hipérbolo, o vinagrete' ([300]). A coisa pareceu-lhes terrível, intole-   1305
rável mesmo. Então uma delas, em quem homem algum jamais havia tocado com um dedo ([301]), disse: 'Deus protector ([302]), não há-de ser a mim que ele há-de comandar nunca. Mas se tivesse de ser, antes eu envelhecesse aqui mesmo, roída pelo caruncho'. 'Nem a mim, Naufante, filha de Náuson ([303]), não, caramba! Tão   1310
certo como eu ser feita de madeira de pinheiro! E se essa ideia agrada aos Atenienses, parece-me melhor navegarmos para o Teséion ou para o templo das deusas sagradas e refugiarmo-nos lá ([304]). Não há-de ser à testa do nosso grupo que há-de enrolar a cidade. Que navegue ele sozinho ... para o raio que o parta, se lhe der na real gana. Que ponha no mar os caixotes onde vendia   1315
as lamparinas'.

([299]) Já nesta época os Atenienses alimentavam a ambição de se apoderarem da Sicília e de Cartago, com vista a obterem o domínio do Mediterrâneo ocidental (cf. v. 174). Uma primeira tentativa nesse sentido foi empreendida em 424, sem resultados notórios. Mais tarde, Tucídides testemunha a persistência deste projecto na mente dos Atenienses (6. 15. 2, 6. 34. 2).

([300]) Hipérbolo, o filho de Antífanes, negociante de tochas (*Eq.* 739, *Nu.* 1065, *Pax* 690), começara recentemente a sua carreira política (Cratin. fr. 283K.-A.; Eup. fr. 252K.-A.), que havia de prosseguir com êxito, de modo a preencher, por morte de Cléon em 422, a chefia da assembleia do povo (*Pax* 679-692). Em *Ach.* 846 sqq., vemo-lo no papel de temível acusador nos tribunais. Do mesmo modo que Cléon (cf. *V.* 62 sqq.), Hipérbolo tornou-se um lugar-comum dos ataques dos comedió-grafos, que exploraram à saciedade a sua actuação política e a sua vida privada (cf. *Nu.* 551-558). Apesar da popularidade de que gozava, Hipérbolo seria atingido pelo ostracismo alguns anos mais tarde; a sua vida terminou em Samos, no ano de 411, vítima de assassínio por obra de uma facção oligárquica (Th. 8. 73. 3).

([301]) As trirremes são apresentadas como mulheres e assumem situações que dizem respeito à condição feminina. Assim, a que agora emite o seu protesto é virgem, isto é, não realizou ainda a sua primeira viagem.

([302]) 'Αποτρόπαιος é epíteto de Apolo (cf. *V.* 161, *Av.* 61, *Pl.* 359, 854).

([303]) Estes são nomes de compromisso com a faina marítima. De resto, Ναυφάντη tem uma estrutura feminina, que sabe simultaneamente a nome de mulher e de navio, cujas designações eram habitualmente desse género (cf. os exemplos colhidos por R. A. Neil, *Knights*, 169).

([304]) Naturalmente que só por hábito a nau se refere ao meio normal de se locomover, que não tem aplicação para destinos como o Teséion ou o templo das deusas sagradas, situados no interior da cidade de Atenas. O Teséion, situado próximo da ágora, abrigava os restos mortais de Teseu, trazidos por Címon para Atenas (cf. Plu. *Thes.* 36. 2-3, *Cim.* 8. 5-6). Era um local de refúgio procurado pelos escravos em fuga (Ar. fr. 577K.-A.), e por todos os que necessitassem de protecção (Plu. *Thes.* 36. 4).

(O Salsicheiro regressa, em trajo de festa, com toda a solenidade.)

SALSICHEIRO

Silêncio! Bocas caladas ([305])! Que se interrompam os depoimentos das testemunhas, que se encerrem os tribunais, que fazem a alegria desta terra ([306]). Que, em honra desta felicidade que acaba de nos ser concedida, os espectadores entoem um péan ([307]).

CORO

1320 Ó chama da sagrada Atenas, protectora das ilhas ([308]), que boas novas nos trazes, que nos façam encher os ares do fumo dos sacrifícios?

SALSICHEIRO

O Povo, dei-lhe uma fervura, e de feio que era, aqui o têm bonito de se ver ([309]).

CORO

E onde pára ele agora, ó criador de ideias brilhantes?

O templo das deusas sagradas ou Euménides ficava junto ao Areópago e era igualmente um lugar de refúgio para os perseguidos, dada a religiosidade que o caracterizava (cf. Ar. *Th.* 224, fr. 475K.-A.).

([305]) A solenidade deste pedido de silêncio anuncia o entoar do péan (cf. *Ach.* 237, 241, *Nu.* 263, *V.* 868).

([306]) Esta era uma prática corrente por altura das grandes solenidades (cf. *Th.* 78-80).

([307]) O péan era um canto geralmente dedicado a Apolo, embora pudesse dirigir-se também a outras divindades. Entoava-se muitas vezes como um canto de acção de graças por uma vitória ou um sucesso (cf. v. 408, *Pax* 453, 555, *Av.* 1763, *Lys.* 1291).

([308]) Sobre as relações de Atenas com os seus aliados das ilhas, cf. v. 170 e nota respectiva. Nem sempre a actuação de Atenas nesta matéria mereceu a aprovação de Aristófanes, que desde *Babilónios* se bateu pela defesa de uma maior justiça e isenção no tratamento das ilhas (cf. *supra* nota 104): cf. *Ach.* 641-645, *V.* 669-671, *Pax* 639-648, 760, *Av.* 1021-1055, 1410-1468.

([309]) O processo de fervura como método de rejuvenescimento tinha que ver com uma prática de magia e andava associado ao bem conhecido mito de Medeia, que o havia praticado algumas vezes com sucesso (cf. R. Graves, *The Greek myths*, II, 220, 252) e no caso de Pélias como terrível vingança (cf., *op. cit.*, 250-252).

SALSICHEIRO

Vive na velha Atenas coroada de violetas ([310]).

CORO

Como o podemos reconhecer? Que fatiota é que ele usa? Como está ele agora?

SALSICHEIRO

Tal e qual como no tempo em que comia à mesa com Aristides e Milcíades ([311]). Vocês vão vê-lo agora. Já se ouve o ruído dos Propileus ([312]) a abrirem. Vamos, soltem gritos de alegria; eis que surge a velha Atenas, admirável e tão celebrada, morada do glorioso Povo. 1325

CORO

Ó Atenas de brilho sem igual, coroada de violetas, cidade tão invejada, mostra-nos o soberano da Hélade e desta terra também. 1330

(Aparece o Povo, rejuvenescido e radiante, com um trajo esplêndido.)

([310]) Os epítetos 'coroada de violetas', juntamente com 'brilhante', eram de efeito seguro sobre o orgulho dos Atenienses (cf. *Ach.* 637-639, *Eq.* 1329) e consagravam, desde o tempo de Píndaro (cf. fr. 76), a beleza de Atenas.

([311]) Os nomes de Aristides e Milcíades associam-se aos anos gloriosos das guerras pérsicas. Aristides surge na cena política ateniense como um opositor da política naval de Temístocles: ao alargamento da armada, Aristides contrapunha o desenvolvimento da agricultura e o reforço da infantaria. Em plenas guerras pérsicas, ocupou lugar de relevo no comando das forças gregas, o que lhe valeu ter sido escolhido para determinar os princípios militares e financeiros que presidiram à constituição da liga de Delos. A sua actividade política mantém-se, a partir de então, ligada ao fundo comum, criado para defesa contra os Persas, de que se tornou o depositário.

Milcíades tomou igualmente parte nas vitórias gregas desta guerra, na qualidade de estratego, e evidenciou-se no plano estratégico de Maratona.

([312]) Neste momento, o texto identifica a cena com os Propileus, a grande entrada ocidental da Acrópole. O nosso Povo, rejuvenescido e purificado, emerge com toda a pompa da cidadela sagrada.

SALSICHEIRO

Aí está ele, olhem-no, com o broche da cigarra ([313]), no esplendor do seu trajo antigo. Não é a conchas que ele cheira, é a tréguas ([314]), todo ungido de mirra.

CORO

Viva, senhor da Hélade, também nós tomamos parte na tua alegria. A tua sorte é digna da cidade e do troféu de Maratona ([315]).

POVO

1335   Tu, meu grande amigo, chega aqui, Agorácrito. Que grande favor me fizeste com essa fervura!

SALSICHEIRO

Achas? Bem, meu caro, tu não tens consciência do que eras dantes, nem do que fazias. Senão consideravas-me um deus.

POVO

Mas o que é que eu fazia dantes? Diz lá! Como é que eu era?

([313]) O Povo aparece no esplendor de um trajo de características orientais, que havia caído em desuso depois das guerras pérsicas. Do conjunto sobressai 'o broche da cigarra', adorno de ouro que se usava no cabelo: cf. Th. 1. 6. 3; Ath. 512c.

([314]) As conchas eram usadas como pedras de voto, nos tribunais (cf. V. 333, 349). Σπονδαί significava simultaneamente 'libações (feitas com vinho)' e 'tréguas', já que desde tempos homéricos um pacto se celebrava com libações (cf. Il. 3. 295 sqq.). Este duplo sentido inspira toda uma cena de Acarnenses, em que Diceópolis prova uma gama de tréguas na sua forma concreta de amostras de vinho (vv. 175--203). No caso presente, surge um Povo que tem o aroma de um bom vinho e que se prepara para fazer tréguas. Este era de facto, como o confirma Tucídides (4. 41. 2-4), o momento azado para fazer a paz com vantagens para Atenas, já que Esparta, preocupada com questões de política interna, acataria de bom grado a suspensão do conflito exterior.

([315]) O rejuvenescimento que o Povo acaba de sofrer é digno dos melhores momentos da vida de uma cidade, que se impôs no aspecto político e cultural, para além da proeza máxima que consagrou a sua superioridade militar, de conduzir os Gregos à vitória sobre os Persas.

SALSICHEIRO

Antes de mais, quando alguém dizia na assembleia: 'Povo, sou teu admirador apaixonado, quero-te muito, és o meu enlevo, só eu olho pelos teus interesses', mal se deitava mão a um argumento destes, tu batias as asas e arrebitavas os chifres ([316]). 1340

POVO

Eu?

SALSICHEIRO

Entretanto, já ele se tinha posto a andar, depois de te fazer o ninho atrás da orelha com baboseiras destas. 1345

POVO

O que estás tu a dizer? Era então assim que eles lidavam comigo, e eu sem dar conta de nada?

SALSICHEIRO

É que os teus ouvidos – caramba! – abriam-se como um guarda-sol, para logo se voltarem a fechar ([317]).

POVO

Será que realmente eu fiquei assim parvo e xexé?

SALSICHEIRO

E mais ainda, coa breca! Se dois oradores propunham, um que se fizessem grandes navios, o outro que se gastasse esse dinheiro em salários, aquele que falasse em salários batia logo aos pontos o das trirremes. *(O Povo baixa a cabeça, enver-* 1350

([316]) Estas são reacções primárias de contentamento, como as manifestaria um simples irracional.
([317]) O Povo é acusado de ser muito receptivo apenas para as palavras que lhe eram gratas, mas surdo para tudo que lhe não conviesse ouvir.

gonhado.) Ei, porque baixas a cabeça? Não podes aguentar firme aí?

POVO

1355 Tenho vergonha dos meus erros de antigamente.

SALSICHEIRO

Mas a culpa não era tua, fica descansado, a culpa era dos que te sabiam enganar. E agora, diz-me cá uma coisa. Se um parla-patão de um acusador oficioso te disser: 'Acaba-se-vos o pão, 1360 juízes, se não decidirdes pela condenação neste processo', o que é que tu lhe fazes, diz lá, a esse acusador [318]?

POVO

Levanto o tipo no ar e atiro-o para as profundas, com o Hipérbolo pendurado ao pescoço [319].

SALSICHEIRO

1365 Ora aí está como se fala bem e com miolo. E quanto ao resto, vamos lá a ver, qual vai ser a tua política? Fala.

POVO

Para começar, a todos os remadores de grandes navios, desde o momento que entrem no porto, pago-lhes o soldo por inteiro [320].

---

[318] O acusador oficioso era nomeado em casos de importância pública, em que o processo era accionado por um magistrado (casos, por exemplo, de deserção ou prestação de contas). O acusador podia ser também nomeado pelo Conselho ou pela Assembleia para se encarregar de um caso privado (cf. *Ach.* 685 sqq., 705, *V.* 482). Sobre esta matéria, *vide* D. M. MacDowell, *The law in classical Athens* (London 1978) 61 sqq. A presença do acusador público demonstra a importância do processo, que poderia, no caso de o júri se pronunciar pela culpabilidade, levar à confiscação de bens, com que o Estado iria refazer os seus fundos (cf. Lys. 27. 1, 30. 22).
[319] O Báratron era um precipício rochoso, fora das muralhas da cidade, de onde se precipitavam os criminosos (Hdt. 7. 133; Pl. *Grg.* 516d-e). Esta era a punição para quem fosse culpado aos olhos do povo ateniense (cf. X. *HG* 1. 7. 20). Hipérbolo (cf. *supra* nota 300) serve de peso, que arrasta com mais violência o corpo para o abismo.
[320] O pessoal de bordo, que era remunerado pelo Estado, tinha de aguardar o fim da viagem para ver saldado na totalidade o pagamento devido ao seu trabalho (cf.

SALSICHEIRO

Para uma quantidade de rabos um tanto gastos, é uma grande amabilidade da tua parte.

POVO

A seguir, nenhum hoplita, depois de inscrito numa lista, pode, por cunha, mudar de lugar; tem de ficar inscrito onde estava primeiro ([321]). 1370

SALSICHEIRO

Isso é o que se chama roer o boldrié do Cleónimo.

POVO

Nem mais um imberbe há-de flautear pela ágora ([322]).

SALSICHEIRO

Então onde é que há-de flautear o Clístenes com o seu Estráton ([323])?

POVO

Refiro-me a essa rapaziada do mercado dos perfumes, que, alapados por ali, se põem com frioleiras deste estilo: 'Que saber, 1375

Th. 8. 45. 2). No entanto, o texto deixa entrever algumas dificuldades, por parte dos remadores, em verem satisfeito o pagamento no final da viagem.

([321]) As listas incluíam os nomes daqueles que se encontravam recrutados pela cavalaria, infantaria e marinha. Por vezes moviam-se influências para mudar para outra lista que oferecesse ao recrutado melhores condições de serviço ou de segurança (*vide Pax* 1179-1181; Lys. 14. 15; Aeschin. 2. 133, 168; Arist. *Ath. Pol.* 53. 7).

([322]) Cf. *supra* notas 190 e 213.

([323]) Clístenes, o efeminado, fiel amigo do sexo fraco, tornou-se num lugar-comum dos ataques da comédia: *Ach.* 117-121, *Nu.* 335, *Th.* 574-654, *Ra.* 48-57; Eup. fr. 454. 6K. Aqui o vemos a exibir na ágora a delicadeza feminil de um rosto imberbe, de companhia com o seu íntimo Estráton (cf. *Ach.* 122, fr. 422K.-A.). De um modo geral, os mais conservadores viam com maus olhos a ociosidade que a juventude patenteava, nas conversas inúteis da ágora (*Nu.* 991, 1055).

o desse Féax! Que artes ele teve de escapar à morte! Um argu-
mentador de primeira, impressionador, de fraseado um grande
produtor, claro, encantador, hipnotizador sem-par de qualquer
reclamador' ([324]).

SALSICHEIRO

E tu? Não me saíste um ... manguitador ([325]) desse estilo de
palrador?!

POVO

Cos diabos! Pois vou obrigá-los, a todos, a caçarem ([326]) e a
deixarem-se de decretos ([327]).

*(O Salsicheiro faz sinal a um escravo, que entra com uma
cadeira de abrir.)*

([324]) Féax, um jovem oriundo de boas famílias, fez, entre os anos 422-416, uma carreira política brilhante. Tucídides (5. 4-5) testemunha uma missão diplomática à
Sicília de que Féax foi encarregado em 422. Mais tarde vemo-lo em competição
com Alcibíades (Plu. *Alc.* 13). Plutarco considera-o mais um conversador de salão
impressivo do que um verdadeiro político (cf. Eup. fr. 116K.-A.). No entanto, a sua
formação e encanto social haviam-lhe granjeado enorme sucesso entre a juventude
da época. A citação dos encómios, que lhe são tecidos pelos jovens ociosos do mercado dos perfumes, parodia oportunamente o mais moderno estilo de oratória, bem
como a sua preferência por adjectivos terminados em –ικός (cf. *Nu.* 1172 sqq., *V.*
1209).
([325]) Καταδακτυλίζειν designava o gesto obsceno de estender o dedo médio em
direcção a alguém. Sobre o sentido pejorativo da palavra, *vide* J. Taillardat, *Les
images d'Aristophane*, 357 sqq. O adjectivo traduz, portanto, com referência a esse
gesto, o desprezo do Povo pelos novos modelos oratórios. Para reproduzir na
tradução um efeito equivalente ao do original, procurei criar sobre a palavra 'manguito', definidora de um gesto entre nós considerado obsceno, o neologismo 'manguitador', ('aquele que faz um manguito em relação a alguma coisa').
([326]) Sobre o valor educativo da caça, cf. X. *Cyn.* 12. 6-8; Is. 7. 45. Naturalmente que
caçar estava dentro dos hábitos da juventude rural.
([327]) Os decretos, na sua abundância e fragilidade legal, tornaram-se um dos factores
de instabilidade do regime democrático (cf. *Lys.* 704; Arist. *Pol.* 1292a 5). Sobre o
valor relativo de νόμος e φήφισμα, *vide* MacDowell, *The law in classical Athens*,
45. Esta é a nova ocupação da juventude, em vez das salutares actividades educati-
vas de antigamente, a caça e os exercícios da palestra. Êupolis (fr. 133K.-A.) vem
ao encontro do mesmo conceito – o perigo de entregar em mãos imaturas o poder
da lei – a que também dava expressão o provérbio: 'Não se metam facas na mão de
crianças'.

SALSICHEIRO

Sendo assim, aqui tens esta cadeira de abrir, e este moço ... 1385
bem apetrechado, para te carregar com ela. E se te apetecer, faz
dele uma cadeira de abrir (³²⁸).

POVO

Que felicidade voltar à vida antiga!

SALSICHEIRO

Fala quando eu te passar para as mãos as tréguas por trinta
anos (³²⁹). Vem cá, Trégua, depressa! *(Uma jovem apresenta-se
ao Povo.)*

POVO

Zeus venerável, que beleza! Coa breca, pode-se matar um 1390
desejo de trinta anos com ela? Onde diabo a foste desencantar?

SALSICHEIRO

Não é que o Paflagónio ta escondeu lá dentro, para tu lhe não
deitares a mão? Pois bem, agora sou eu que ta entrego para ires 1395
para o campo com ela.

POVO

E o Paflagónio, mais as suas tramóias, que castigo lhe vais
dar, posso saber?

(³²⁸) Heraclides Pôntico (*apud* Ath. 512c) enumera alguns dos sintomas exteriores de
luxo no tempo das guerras pérsicas: além dos trajos aparatosos e coloridos e dos
ornamentos de ouro, como a cigarra citada no v. 1331, figura a cadeira articulada,
usada em passeio e transportada por um escravo. A sugestão do restabelecimento do
Povo na prosperidade antiga é acompanhada do revigoramento sexual.
(³²⁹) As tréguas são simbolicamente encarnadas numa figura feminina, que surge
agora aos olhos fascinados do Povo. Um acordo de paz por trinta anos havia sido
fixado entre as forças beligerantes, em 445 a. C. (cf. Th. 1. 115. 1), e estava portanto ainda em vigor. Do mesmo modo que o Povo, Diceópolis (*Ach*. 194-199) delicia-
-se com a trégua de trinta anos que Anfíteo lhe negoceia com Esparta.

SALSICHEIRO

Nada de especial: vai só passar ele para o meu negócio. Há--de ir, sozinho, vender chouriços para a entrada da cidade; é vê--lo misturar carne de cão e de burro, como fazia com a política.
1400 Com uns copitos a mais, há-de pôr-se a insultar as marafonas, e a beber a água suja dos banhos públicos ([330]).

POVO

Bem pensado! É isso mesmo que ele está a pedir, andar engalfinhado com marafonas e com a gentinha dos banhos. Em
1405 contrapartida, a ti convido-te a ocupares, no Pritaneu ([331]), o lugar que pertencia a esse malvado ([332]). Vem comigo, toma esta farpela verde-rã ([333]). Esse outro fulano, que o levem para o trabalho, de modo que o vejam os estrangeiros, a quem deu tantas dores de cabeça.

([330]) 'Prostitutas e gentinha dos banhos' representam o estrato social mais baixo. A utilização dos banhos públicos reservava-se às camadas mais pobres, de modo que βαλανεύς pode tomar uma feição insultuosa (cf. *Ra.* 710).

([331]) Cf. *supra* nota 37.

([332]) Φαρμαχός é propriamente o 'bode expiatório', a vítima purificatória; aplicava--se também aos criminosos, que por vezes eram utilizados para esta função (cf. *Ra.* 733) e, por isso, podia equivaler a um termo de insulto. Sobre o ritual, cf. H. W. Parke, *The festivals of the Athenians* (London 1977) 146 sq.

([333]) O trajo verde é citado por Pólux (7. 55) como próprio dos homens: no entanto, encontramo-lo igualmente considerado como um trajo de luxo, oferecido por mulheres a Ártemis Braurónia (cf. IG II² 1514. 16, 48).

ÍNDICE

Introdução 9

Bibliografia 23

Os Cavaleiros 25

Paginação, impressão e acabamento
da
CASAGRAF - Artes Gráficas Unipessoal, Lda.
para
EDIÇÕES 70, LDA.
Fevereiro de 2004